イチからわかる！

"議会答弁書"
作成のコツ

林 誠 ［著］

ぎょうせい

は じ め に

　国会中継を見たことがある人は多いでしょう。

　野党議員が総理に舌鋒鋭く切り込んだり、大臣が当意即妙の答弁を行ってやんやの喝さいを受けたり、といったシーンが目に浮かびます。

　また、話題になっているテーマについての激しいやり取りがあれば、ニュース番組などでも取り上げられます。

　大きく報道される国会での審議と比べると地味ですが、都道府県や市区町村といった地方自治体にも議会があり、それぞれの地域におけるいろいろなテーマについて議論しています。

　自治体職員は、役職が上がれば上がるほど議会対応の位置付けが重くなってくる傾向がありますが、それは議会の重要性を示しています。議会答弁において、知事や市区町村長、自治体幹部がどう答えるかによって、その後の行政が左右されることもあるのです。議会とは、その地域にとって、最も大切な意思決定の場であると言っていいでしょう。

　さて、議会の様子をご覧になったことがある方はおわかりになると思いますが、執行部側が答弁する際、ほとんどの場合、手元の原稿に目を落としています。

　その原稿が、「答弁書」と呼ばれるものです。

　議会は、議論の場です。そして、議論の場ですから水物です。どう展開していくか、始まってみないとわからないところがあります。しかし、だからといって、準備なしで臨むわけにはいきません。それでは議論が深まらず、質問者の意図も達成されないでしょう。

　そのために、あらかじめ答弁書を用意するのです。

　首長や幹部職員は、その答弁書を参考にして答弁を行います。

いい答弁書が準備されていれば、いい議論につながることが期待できます。いい議論ができれば、それがいい政策につながることも期待できます。

いい政策が実現されれば、いいまちづくりにつながります。

本書を書くにあたって、改めていろいろな自治体の方のお話を聞いたり、議会会議録を読んだりしましたが、議会の進め方は本当に千差万別です。

議会が千差万別ですから、答弁の内容も自治体によって大きく異なります。

ほとんどの質問について、首長が、その土地の言葉も交えた生の声で答えている自治体もあれば、基本的には幹部職員が答えている自治体もあるでしょう。

また、自治体の規模やこれまでの伝統などによって、誰が、どのようにして答弁書を作るのかも大きく異なっています。

ですから、すべての自治体にピタッと当てはまる答弁書作成のノウハウは作りようがありません。しかし、議場で質問に対して答弁するという大きな枠組みは共通していますし、答弁書の位置付けや役割は同様であると思います。

担当から係長、課長と役職が上がっていくにつれて、議会との関わりが深くなり、答弁書を書く機会も増えてくると思います。しかしながら、「答弁書の書き方」について体系的に教わったことがある人はほとんどいないのではないでしょうか。

おそらく、答弁の要点だけを伝えられて、「はい、書いて」と言われるか、過去の答弁を参考にして書くように指示されることが多いのではないかと思います。こうした「習うより慣れよ」式の進め方にも

よさがありますが、共通してマスターしておくべき最低限のフォームは理解しておくべきだと思います。

この本では、

・答弁書作成の流れ

・答弁書の書き方の工夫とコツ

・パターンに合わせた答弁の書き方

などを整理し、答弁書への向き合い方、答弁書作成の進め方、こういう場合はこうするといったポイントなどをお伝えします。

また、答弁書の基本的な「型」といったものも示しています。

本の内容が、スパッと当てはまる自治体もあれば、かなり実態と異なる自治体もあるでしょうが、参考になる部分を取り入れていただければと思います。

ただし、答弁書については、型を覚えて、型にはめ込めばそれでいいというものではありません。

答弁書は、議場で首長や幹部職員が、住民の代表者である議員と議論をする際の拠り所となる非常に重要なものです。過去の答弁を参考にしながら、決まった型にはめて書けば、とりあえずそれらしいものにはなるでしょうが、それだけで十分ではないのです。

質問の意図をくみ、的確に答えながら、よりよい議論につなげていくのが答弁書の役割であるということを肝に銘じ、いろいろなことを想像しながら、心を込めて書くべきだと思います。踏まえるべき基本は踏まえつつ、思いや魂も込めていかないと、いい答弁書にはなりません。そんな部分も感じ取っていただければと思います。

この本は、自治体における答弁書の書き方について、押さえるべき基本的なことを整理し、答弁書作成がよりスムーズに効率的に進むこと、それによって答弁書がよりよい内容になることを目指します。

そして、よい答弁書がよい議論につながることを願っています。

本書が、答弁書作成の道しるべになりますように。

平成29年11月

林　誠

目　次

第3章　書き方の工夫とコツ

第4章　パターン別　答弁書の書き方

第5章 : 現場の声

第6章 答弁作成はじめて物語

資料 答弁書作成のポイント

おわりに

COLUMN

いい答弁とは？ 14／議員との距離感 24／時節に合わせる　禁句に気を付ける 28／はやく書くには 32／答弁書にユーモアは必要か 39／仕事の「守破離」 45／コピペ厳禁 48／「考えております」ばかりというのも…… 54／議会図書館を使おう 61／できれば使いたくない便利過ぎる魔法の言葉 64／プレゼンの極意は答弁に通じる？ 74／連載小説型一般質問 84／不意打ちへの備え 91／新任部長のお手並み拝見質問 100／答弁書作成PDCA 102／議会は勝ち負けを決める場ではない 118／議員に合わせた答弁は是か非か 140／答弁書は誰が書く？ 149／議場でのハプニング Part 1 158／議場でのハプニング Part 2 160／議会答弁は「八百長」？ 165

第1章

答弁書を知る

第1章

第2章

第3章

第4章

第5章

第6章

資料

Ⅰ 答弁書とは

「はじめに」にも書いたように、「**答弁書**」とは、**議会で答弁する際の原稿のこと**を言います。そして、「**議会答弁**」とは、議会の場において、**議員からの質問に対して執行部側が答えること**を言います。

答弁書は、読むために作られます。読み終えられた答弁書がどこかに提出されるということは基本的にはないでしょう。つまり、議場でのやり取りのためだけに作られる書類です。

それだけのものなのですが、答弁書は行政運営において、非常に重要な役割を果たします。どう答弁するかによって、施策の方向性が決まったり、議会の意思決定に影響を与えたりなど、その後の行政運営を左右する場合もあるからです。

さて、答弁とは「質問」に対して答えることですが、状況によって「質問」が指す言葉が変わることがあります。つまり、「**質疑**」だったり、「**質問**」だったりするのです。

「**質疑**」とは、**議員が議案に対して、疑問点を質すこと**を言います。主に「**議案質疑**」という言葉で使われます。

一方の「**質問**」は、**議員が行政全般に関して、行政側に現状や見通しを問うこと**を言います。「**一般質問**」「**代表質問**」などという形で使われます。

質疑と質問は、このように聞く側の位置付けが違ってきます。そのため、答える側も対応を使い分ける必要があります。

この本は、多くの方が頭をひねっているであろう、一般質問に対する答弁書の書き方を中心に述べていきます。対象が議案の範囲に絞ら

れる議案質疑に対し、**一般質問ではどんな質問もあり得ますので、**準備の幅も広くなります。個別の案件への書き方ではなく、答弁作成の肝のようなものをつかんでいただければと考えています。代表質問という形式が中心となっている自治体も多いでしょうが、基本的な考え方は同じだと思います。

　議案質疑への対応は、基本的に事実関係の説明が多くなるものと思いますが、折に触れて書いていきますので、参考にしてください。

Ⅱ 一般質問とは

　「一般質問」とは、地方議会の議員が、**事務の執行状況や行政運営に対する考え方などについての報告や説明を執行部側に求め、適切な行政が行われているかどうかをチェックするもの**です。

　基本的に、定例会ごとに行われることになっていて、一般質問をするかしないかは、議員自身が決めます。

　一般質問では、その議会に提案されている議題とは関係なく、行財政全般にわたる質問が可能ですので、執行部側が準備できるように事前通告制が採用されています。通告の時期や内容は自治体によってまちまちのようです。

　多くの議会において、一般質問には制限時間があります。一人60分以内というところが多いと思いますが、もう少し短い自治体もあるようです。この持ち時間に答弁の時間を含むか含まないかなど、いろいろな考え方があります。質問回数に制限がある自治体もあります。

　一般質問は、議員が、こうしてほしい、こうするべき、という思いを執行部にぶつけられる場ですし、政治信条などを披露できる場でもあります。そうした意味で、一般質問は議員にとって非常に大切な場であり、議員活動における、一つの見せ場とも言えます。

　それだけに、答弁する側もしっかり対応しなければなりません。貴重な時間を行政に活かしていけるかどうか、答弁書の内容にかかっている部分が大きいことを肝に銘じましょう。

Ⅲ　答弁の意義

　地方自治法を読んでも、議案質疑や一般質問についての規定は見つかりません。その代わり、地方自治法第120条に、「普通地方公共団体の議会は、会議規則を設けなければならない」との規定があり、個々の自治体における会議規則に議案質疑や一般質問についての定めがあります。

　例えば、さいたま市議会会議規則には次のような条文があります。

> （議案等の説明、質疑及び委員会付託）
> 第37条　会議に付する事件は、第132条に規定する場合を除き、会議において提出者の説明を聴き、議員の質疑があるときは質疑の後、議長が所管の常任委員会又は議会運営委員会に付託する。ただし、常任委員会に係る事件は、議会の議決で特別委員会に付託することができる。
> 2・3　略

> （一般質問）
> 第62条　議員は、市の一般事務について、議長の許可を得て質問することができる。
> 2　質問者は、議長の定めた期間内に、議長にその要旨を文書で通告しなければならない。

　ほとんどの自治体の会議規則に同様の規定があります。つまり、議案質疑や一般質問は、地方自治法から委任を受けた**会議規則にその根拠がある**のです。

　では、答弁についての法的な位置付けはどうなっているでしょう。

これについて、明文化されたものはないようです。答弁が大切で重いものであるということは共通認識となっているはずですので、個々にその意義を考えてみると、以下のように整理されるでしょう。

（1）議案質疑に対する答弁の意義

自治体において、法律の範囲内で独自にルールを決める場合、一般には条例の制定が必要になります。条例の規定によって、住民に義務を課したり、権利を制限したりすることができるようになります。

また、自治体が政策を進める場合、それに要する経費を積算し、予算化することによって、執行が可能になります。

そして、条例を制定する場合や予算を成立させる場合には、議会の議決が必要になります。議決をもらうためには、しっかり理解していただく必要があり、意見が分かれるような案件についてはきちんと議論を重ねる必要があります。

その際に行われるのが議案質疑であり、答弁を通じて政策の意図がよりはっきりしていきます。

つまり、議案質疑に対する答弁は、**条例解釈のよりどころになるとともに、事業推進の方針を示すものにもなる**ことになります。

条例の解釈はその後ずっと使われることになりますし、予算執行の方針は税金の使い道を規定することになります。

（2）代表質問や一般質問に対する答弁の意義

代表質問や一般質問では、当該自治体に関連するありとあらゆるテーマが取り上げられます。

そこでは、議員からの提案をはじめ、個々の事業に関する要望、個別の事項への要請、政策論争などが行われます。また、その自治体が起こしたミスや不祥事を追及されることもあります。

　こうした質問への答弁は、行政側の主張を届けるとともに、今後の改善策についても示すことになります。答弁は質問者に対して行いますが、答弁に盛り込んだ内容は自治体の公式見解として、その後の行政の指針となります。

　つまり、**答弁自体が、自治体の考え方や行政の方針、方向性を示す**ものになるのです。

	質疑（議案質疑）	質問（一般質問、代表質問）
意味	議員が議案に対して、疑問点を質すこと	議員が行政全般に関して、行政側に現状や見通しを問うこと
答弁の意義	条例解釈のよりどころとなるとともに、事業推進の方針を示すものにもなる	自治体の考え方や行政運営の方針、方向性を示すものになる

答弁書の作成担当者

　答弁書について、最終的にGOサインを出すのは首長になると思いますが、原稿の作成担当者は自治体によってまちまちです。規模による違いが最も大きい要因ですが、歴史的な変遷やそれぞれの考え方によっても異なっているようです。

　答弁書の作成担当者について、いろいろな自治体職員にうかがった状況を列挙してみます。

A県

　質問趣旨の業務を担当する課長補佐級職員が原案を作成しているケースが多いです。その原案を課長と相談して修正したうえで、部局長と協議して案を作成します。

　知事答弁の場合は、その後、「答弁打合せ会」で知事・副知事と協議して完成させる流れになります。

B政令市

　まず原案を係長級職員が作成し、課長・部長が添削・修正したもので局長と協議し、結果を踏まえて修正、という作業を繰り返します。

　そのうえで、質問予定日の前日に市長・副市長と協議し、確定させます。

C政令市

　市長答弁は、担当部局の係長級職員が原案を作成し、ブラッシュアップされていき、部局長レク後、議会担当部署で最終チェックが入ります。

　その後、「答弁勉強会」が開かれ、市長、副市長の意見を反映し、完成となります。

D区

基本的には、課長が作成します。

一部係長級でも管理職試験合格者に原案を書かせる場合もありますが、基本は課長です。

E区

担当係長が作成します。その後、課長、部長が決裁する流れです。

F市

係長職（課長補佐職）が原案を作成し、上司に内容を確認してもらいながら答弁書を校正。答弁書担当部長の決裁を受けて、案が確定します。

その後、議会担当課へ提出し、そこで改めて答弁書を校正して、最終確定となります。

G市

基本は課長が作成し、部長が確認することになっています。

一つの質問に複数課の回答割り当てがある場合は、当該課同士で答弁調整のうえ、代表課において集約します。

課によって、データは係長が集めたうえで課長自身が作成する場合や、係長が作成する場合などがあります。

H市

主に課長級職員が作成しますが、課によっては、担当者レベルが素案を作ることもあります。

その後、部長が校正し、市長が最終確認して完成します。

Ｉ町

課長が議会事務局から届いた質問事項を担当者に渡し、担当者が素案を作ります。それを課長に戻して、ヒアリングをし、答弁書を作り上げていくという流れです。

　いかがでしょう。実にいろいろな作り方があることがおわかりいただけると思います。私が聞いたなかでも、同じやり方をしている自治体が2つとしてありません。

　県や政令市など大きな自治体では、「答弁作成会議」といった打ち合わせの場を設定していることが多いようです。市レベルでは、課長級職員が作成し、部長が案を決定し、首長の決裁を仰ぐというパターンが主流のようです。

　それぞれの作り方にそれぞれのよさがあるのだと思いますが、一方で工夫の余地もあるような気がします。他の自治体のいいところを見習って、作成方法自体を見直していきたいところです。

Ⅴ　答弁書の作成スケジュール

　自治体の仕事は、法律によってかなりの部分が統一されています。それぞれの個性はあるでしょうが、しなければならない事務の内容は、多くの面で共通しているはずです。

　一方、地方議会の進め方には、法律による縛りはほとんどありません。そのため、各地域において、独自の進化を遂げています。議会の日程も、自治体によって大きな違いがあります。参考に、いくつかの自治体のスケジュールを見てみましょう。

　例えば、神奈川県綾瀬市の平成29年9月議会の、一般質問に至るまでの日程案は、ホームページによれば以下のようになっています。

例：綾瀬市

9月　4日（月）　本会議

　　　5日（火）　本会議　<u>一般質問通告書締切</u>

　　　6日（水）・7日（木）　休会

　　　8日（金）　委員会

　　　9日（土）・10日（日）　休会

　　　11日（月）～15日（金）　委員会

　　　16日（土）～19日（火）　休会

　　　20日（水）　特別委員会

　　　21日（木）　休会

　　　22日（金）　本会議　<u>一般質問</u>

　　　23日（土）・24日（日）　休会

　　　25日（月）　本会議　<u>一般質問</u>

　　　26日（火）　本会議　<u>一般質問</u>

27日（水）　休会

28日（木）　本会議

つまり、議会開会後に一般質問の通告がなされ、まず議案の審査を行い、その後一般質問が行われるという流れです。

この日程ですと、通告から一般質問まで2週間くらいありますので、比較的余裕をもって答弁書の準備ができるかもしれません。

次に、静岡県湖西市の平成29年9月議会の日程案は、ホームページによれば以下のようになっています。

例：湖西市

8月28日（月）　招集告示　一般質問通告受付開始

29日（火）　一般質問通告締切

30日（水）　一般質問通告調整締切（重複者に限る）

9月4日（月）　本会議【開会】

5日（火）〜11日（月）　休会

12日（火）　一般質問

13日（水）　一般質問

14日（木）　休会

15日（金）　一般質問

16日（土）〜18日（月）　休会

19日（火）　本会議　質疑〜委員会付託〜一部討論採決

20日（水）〜22日（金）　決算特別委員会

23日（土）〜25日（月）　休会

26日（火）〜28日（木）　委員会

29日（金）〜10月3日（火）　休会

4日（水）　付託議案委員長報告〜質疑〜討論〜採決

　湖西市は、議会開会前に一般質問の通告がなされる日程となっています。開会後、まず一般質問が行われますが、通告後2週間ほど経過していますので、この間に準備ができるでしょう。

　愛知県の日程は以下のようになっています。

　例：愛知県

　9月21日（木）　開会　代表質問・一般質問通告提出期限

　　　22日（金）〜25日（月）　休会

　　　26日（火）　本会議〔代表質問〕　※議案質疑も併せて行う

　　　27日（水）〜29日（金）　本会議〔一般質問・議案質疑〕

　　　30日（土）〜10月2日（月）　休会

　10月3日（火）〜6日（金）　委員会

　　　7日（土）〜9日（月）　休会

　　　10日（火）　決算特別委員会

　　　11日（水）　議会運営委員会

　　　12日（木）　休会

　　　13日（金）　本会議〔閉会〕

　開会日が代表質問及び一般質問の通告期限となっていて、次の週には本番となっています。このスケジュールですと、準備する期間は非常に短く、事務方はかなり忙しい作業になると思います。

　一般質問については、何十人も登壇する自治体もあれば、数名だけが行うことが慣例となっている自治体もあります。準備期間が長くても、質問者が多ければ大変ですし、準備期間が短くても質問者がほとんどいなければなんとかなりそうです。そのため、スケジュールだけを見ても、実際の大変さはわからないというのが本当のところです。

COLUMN

いい答弁とは？

「いい答弁」とは、どんな答弁でしょう。

わかりやすい答弁でしょうか？

きちんと質問に答えている答弁でしょうか？

それとも、聴いている人が感動するような答弁でしょうか？

立場によって変わってくるので、答えは一つではないと思います。

質問した議員の立場からすれば、いくらわかりやすく答えてもらっても、ゼロ回答ではいい答弁とは思えないでしょう。

多少舌足らずでも、少々聞き取りづらくても、求めた内容に応えてくれる答弁が「いい答弁」ということになりそうです。

執行部側とすれば、聞かれたことに過不足なく答え、質問した議員にも、傍聴者にも、すっと理解してもらえる答弁が、いい答弁ということになるでしょうか。

しかし、聞かれた質問にきちんと答えるのは正しい姿勢ですが、ぴしゃりと言い切られてしまっては、議員の立場がなくなってしまう恐れもあります。議員との関係は1回きりではなく、ずっと続いていくものですから、そのあたりの配慮はお互いに必要だと思います。

さらに言えば、一般質問は議員の見せ場ですから、執行部側が答弁によっておいしいところを「持っていく」のもどうかと思います。

議場で「いい答弁」となるかどうかは、答弁者がどう答えるかによります。また、同じような答えでも、質問の流れによってはうまくかみ合わず、埋もれてしまう心配もあります。

しかし、間違いなく言えることは、「いい答弁を支えるのはいい答弁原稿である」ということです。

質問の意図を十分にくんだ、聞きたいと思っている内容に応えた、誰にもわかりやすい答弁原稿があれば、議論がかみ合い、よりよい方向に向かっていく可能性が増します。

「いい答弁」の定義はまちまちでも、「いい答弁原稿」が実のある議論を支えることは間違いありません。

第1章

第2章

第3章

第4章

第5章

第6章

資料

第2章

質問を
受けたら

答弁書への向かい方

議員から質問を受けたとき、どう感じるでしょう？　おそらく、「よくぞ聞いてくださいました」「関心をもってもらえて嬉しい」と喜ぶ人は少数派ではないでしょうか。

「大変だ」「この忙しいときに」「上司に説明するのに苦労する」など、ネガティブな感情を持たれる方の方が多いかもしれません。

気持ちはわからないでもありません。答弁書を作るには、下調べをしたうえでヒアリングに臨み、その内容を上司に報告し、答弁書案を作成し、上司に見てもらい、案を修正し、といった手続きが必要となります。事務負担としても、かなりのものがあります。

また、現在行っている施策の足りない点についての指摘や、他自治体と比べて劣っている理由など、厳しいところを突かれる質問もあり得ますから、そうした場合に気が重くなるのも理解できます。

しかし、ここは前向きにとらえたいものです。

質問を受け、ヒアリングなどで意見交換しているなかで、これまで進めてきた施策の問題点が浮き彫りになることもあります。また、実際に住民や事業者の方々がどう考えているのかを知ることができるケースもあります。

「質問していただいてありがたい」

とまでの心境にはなれないかもしれませんが、担当している仕事を見直すため、事業をPRするためのいい機会になると考え、ポジティブに答弁書作成を進めていきましょう。

気乗りがしないままでは、いい答弁書は書けませんし、その気持ちは議員にも伝わってしまいます。

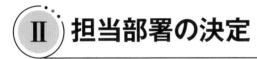

Ⅱ　担当部署の決定

「たらい回し」という言葉があります。

　もとはと言えば、たらいを足で回す曲芸のことだったそうなのですが、今は、面倒な案件などを部署間で押し付け合う際に使われる言葉になっています。

　役所の人間にとっては、馴染みの言葉であるとともに、絶対に言われたくない言葉でもあると思います。住民から問い合わせの電話が入ったときなど、なるべくあちこちに回さずに、できる限り受けたところで解決しようとされているのではないでしょうか。

　答弁書作成の担当も、できればスムーズに決めたいところです。また、多くの質問は担当部署がはっきりしていて、そう迷う必要もないものだと思います。しかし、なかには所管が微妙な質問もあります。そうなった場合、

　「これはうちの課じゃない」

　「５年ほど前に、これに近い内容でそちらの課が対応しているから
　　今回もそうしてほしい」

　「全体的な考え方を聞いている質問だから、うちで答えるのは難しい」

などと、いかにも役所っぽい綱引きをしていたりしないでしょうか。

　議員としてはどこが答えようがちゃんとした答弁がもらえればいいわけですから、もめてしまうのは完全に執行部側の事情です。たらい回しの状態は、美しいものとはとても言えませんし、後々もやもやした思いも残ります。

　質問内容に応じた適切な部署を決定するのは大切なことですし、答

弁する人の意向もあって難しい調整があることも確かです。しかし、押し付け合うようなことは避けたいところです。

　この質問は担当部署を決めるのが難しいな、というのは、見れば大体わかるでしょう。その場合、関係ありそうな部署がバラバラに動かないで、連携しながら準備を進めた方がいいと思います。話し合って役割を決めるか、一緒にヒアリングに行って、質問の意図を全員で確かめましょう。

　他部署に伝えないままで議員と連絡を取り、いつの間にか勝手に担当を決めてしまったりすると、疑心暗鬼が残りかねません。納得できないままに答弁書を書き始めては、いい内容になるとは思えません。

　基本は、責任を持った答弁ができる部署が答える、ということに尽きると思います。押しつけ合わず、むしろそれぞれが進んで書きたいという意欲を示せば、たらい回しはなくなるはずです。

Ⅲ　ヒアリング

　いい答弁書を作るために、質問者とのヒアリングは非常に重要です。ひょっとしたら、答弁書作成の一番重要な過程と言っていいかもしれません。

　答弁を書くためには、何を聞かれているのかがわからなくてはどうにもなりません。しかし、質問内容を知るだけでは、いい答弁にはなりません。もっと深いところを探らないと、質問とかみ合った、意味のある答弁にはつながりません。そこを埋めるのが、ヒアリングの役割です。

　ヒアリングには、大きく分けて次のような意味があると思いますので、一つ一つ見ていきましょう。

　　・質問の意図を把握する
　　・質問の流れを確認する
　　・行政側から政策の狙いや事業への思いを伝える
　　・質問者との関係を築く

（1）質問の意図を把握する

　ヒアリングの目的として真っ先に頭に浮かぶのがこれだと思います。

　多くの自治体において、一般質問に際しては「質問要旨」が配られると思いますが、要旨にはごく簡潔な内容しか書かれていませんので、どんな質問になるのかよくわからないことがほとんどでしょう。そこで、ヒアリングで直接話すことによって、「**質問の意図**」をしっかり**把握する**ように努めます。

　ヒアリングの際に、まず聞くべきことは、

　　☑ なぜ、この質問をされるのか

☑ どんなことを知りたい、聞きたいと考えられているのか

☑ どうするべき、若しくはどうしてほしいと思っておられるのか

といった内容です。

議員にとって、質問の時間は非常に大切です。その限られた時間を使って聞いてこられる以上、質問には必ず意味があります。そこをきちんと聞き出すことが必要です。

また、**知りたい、聞きたいと考えておられる内容を理解する**ことも重要です。具体的な数字を知りたいのか、大雑把な傾向をつかみたいのか、それによって答え方も変わってくるからです。

質問の意図を取り違えると、答弁とかみ合わなくなってしまいます。よくわからない場合は念を押して確認するなどして、誤解がないように注意する必要があります。

（2）質問の流れを確認する

議員の関心は多岐にわたっており、複数の項目について質問がなされることがほとんどだと思います。そのため、自分が担当する以外の項目の質問もあることでしょう。

議員としてはしっかり答えてほしいと考えていた項目について、あっさりと表面だけで答えてしまうと、議論がかみ合わず深まらないものになってしまいかねません。反対に、さらりと触れる予定だった項目について、執行部側が細部にわたって延々と答弁してしまうと、質問時間が足らなくなってしまう恐れがあります。

質問時間が制限されているケースも多いと思われますので、ヒアリングでは、**担当する部分への質問がどのような流れのなかでなされ、どのくらいの時間配分を想定されているのか**といったことも確認しなければなりません。

（3）行政側から政策の狙いや事業への思いを伝える

　議会答弁を、いただいた質問に答えるだけの場と割り切ってしまうのなら、質問の意図と内容を聞けばヒアリングの役割は果たせてしまうのかもしれません。しかし、それではあまりにももったいないと思います。

　議員と面と向かって話し合える機会は、そうそうあるものではないと思いますから、せっかくの時間を有効に使いたいものです。

　例えば、新たに取り組んだ政策に疑義を呈する質問をされようとしている議員がいたとします。ヒアリングは、交渉の場でも説得の場でもありませんし、ましてや説き伏せようとするのは間違った姿勢であると思いますが、行政側の狙いや思いはきちんと伝えるべきです。反対されている方とはあまり話したくない、ということではなく、疑問を持たれている方にこそ、丁寧に説明したいところです。

　ひょっとしたら、この場で理解が深まり、賛成の立場に変わっていただけるかもしれません。そううまくいかなくても、誤解をされている面があるとしたら、そこだけでもしっかり伝えたいところです。

　ヒアリングの時間を大切に使いましょう。

（4）質問者との関係を築く

　質問に立たれる回数は、議員によって違います。すべての議会で一般質問をされる方もおられれば、ここぞというときだけ質問される方もおられるでしょう。

　それぞれの自治体の議会運営によっても質問回数は違ってきます。ほとんどの議員が一般質問される議会もあれば、代表質問を中心に据えているところもあるでしょう。

　また、自治体がカバーしている領域は非常に広いものがあります。

毎議会質問されている方でも、全分野について質問するわけにはいきませんから、その回の一般質問で、初めてじっくり話を聞く議員というのもおられると思います。その場合、はじめまして、ではないにしても、お互いの人となりもわからないなかでのヒアリングになります。それでも、事務的なやり取りは進むでしょうが、できればもうひと押ししたいところです。

　限られた時間でしょうし、議員も忙しいなかで時間を割かれていることとは思いますが、この機会を使って、できる限り人間的な関係を築きたいところです。初めてのときはもちろん、かなり親しい間柄になっても、その都度しっかり人間同士のつながりを持ちたいところです。

　ヒアリングでは話せても、答弁書には盛り込めないことなどもあるでしょう。手の内を明かせないという面も含め、いわゆる「大人の事情」もあると思います。

　それでも、できる限りしっかり答えますのでよろしくお願いします、というところは見せておきたいものです。

　こちらからの情報は懸命に隠し、質問の内容だけを聞こうとする姿勢になってしまっては、いいヒアリングにはなりません。いいヒアリングにならないといい答弁書にもつながらず、議場でも実のある議論にならない可能性が高くなります。

　見知った間柄であっても、その都度しっかりとした関係を築きたいものです。

① ヒアリングチェックシート

　答弁書作成に慣れて、ヒアリングで行うべきことについて一通り頭に入り、自然に進められるようになるまで、ヒアリング時に確認すべきことについてチェックシートにまとめておくと、抜け・漏れやばらつきを防げて便利だと思います。例えば、次のようなものです。

ヒアリング日：　　月　　日（　）

質問日	月　　日（　）	質問番号	
質問者		質問形式	一問一答・初回一括

質問事項　1

質問要旨　①

質問の意図

本議会で同様の質問をする議員がいるかどうか

　いない

　いる　　→　　　月　　日（　）　議員名：

過去に同様の質問があったかどうか

　なし

　あり　　→　　　年　　　月議会　　議員名：

答弁概要

COLUMN

議員との距離感

　多くの議員が、当選回数を2期、3期と重ねていかれます。1期が4年ですから、8年、12年と、長く関係が続きます。するとその間に、会期中以外でも、いろいろなところで接点が増えてくることになります。

　だんだんとお互いに人となりがわかってきて、議員によっては、ざっくばらんな話もできるようになってくるかもしれません。議員には人間的に魅力のある方が多いので、話しているとついつい引き込まれてしまうこともしばしばだと思います。

　一方、議会の大きな役割として、行政のチェック機能というものがあります。その関係の中では、厳しい指摘がなされることも当然あるでしょう。

　一般質問でも、行政にとってキツイ内容が繰り出されることがあります。議員の役割として、それは当然のことです。

　そうしたなかで、人によっては、議員との距離感に迷われる方もおられるかもしれません。どこまで親しくなってもいいのか、と。

　反対に、4年経っても、8年経っても、距離の縮まらない議員もいるでしょう。職員と近づき過ぎないという主義の議員もおられるでしょうし、忙しい方、たまたまそうした機会がなかった方など、パターンは様々です。

　ヒアリングでは、ある程度突っ込んだ話もしたいところですから、お互いが全く知らない状態のままというのは不安です。また、その状態では、質の高い事前準備にならない心配もあります。

　近づき過ぎても、遠過ぎても、どちらにしても議員との距離感は悩ましいところですが、初めから線を引くことはないと思います。職員は議員と議会以外の話をしない方がいい、などと思い詰めてしまうと、とても窮屈になります。

　議員と職員は、地域をよくしようという思いを一つにしている同志なのですから、壁を作らず、自然に接するようにしたいものです。

Ⅳ　報告、協議

　ヒアリングが終わったら、その内容を上司に報告します。

　質問の意図や項目、２回目以降があるかないかといったことはもちろんですが、議員の雰囲気なども大切です。

　「今回の○○議員の一般質問の目玉はこの質問です」

　「時間をかけて聞きたい項目はほかにあるようで、この質問はさらっと終わらせたいとのことでした」

　「地元の人からもかなり言われているらしく、答弁内容によっては２回、３回と突っ込んで聞くと、かなり気合が入っていました」

といったように、ヒアリングの場の空気も伝えるようにしましょう。それが答弁書に活きてきます。

　報告後、答弁内容について協議することになります。

　その項目の担当者であり、ヒアリングを行って感触をつかんでいるのも答弁書作成者ですから、こういう方向で書こうと思う、という案を示すことになるでしょう。

　上司からは、

　「それで書いてみて」

と承諾されることもあれば、

　「もっと、こういうことを盛り込むように」

　「そこまで書いてはいけない」

などの指示が出ることもあるでしょう。

　時間をかけて答弁書案を作成したのち、これでは足らない、これは書き過ぎなどと指摘が入ってやり直しとなるより、**書き始める前に方向性の確認はしておきたいところです。**

V　重複する質問の調整

　議員の関心事は、その時々によって、どうしても重なる傾向があります。

　大きな災害の後は防災施策への質問が増えますし、景気が激しく落ち込んだ際には経済対策に関する質問が多くなります。

　議員一人ひとり、政治信条や考え方が違いますから、テーマや項目が同じでも、ピッタリ同じ質問になることはないと思います。しかし、どうしても似通った内容になることはあり得ます。

　同じ議会に、類似した質問がなされる場合、後から質問する人の質問内容が、前に質問する人に先取りされてしまうことがあります。それが伝わっていないと、組み立てが大きく崩れ、質問が成り立たないということになりかねません。

　こうしたことが生じないように、あらかじめ検討の場を設けることとしている自治体もあるようですが、成り行きに任されている場合、執行部側が調整する必要があります。

　ヒアリングを一通り終えて、似通った質問があり、重複した答弁になってしまいそうな場合、その旨を議員に伝え、調整作業を行います。基本的には、後から質問する人に対応を検討してもらうことになるでしょう。事実関係の確認であれば、同じことを聞いても意味がありませんので、質問を取り下げることになるかもしれません。考え方や方針であれば、「角度を変えて」質問することができますが、それも自分の前の人の質問内容をある程度知っておかないとどうにもなりません。

　執行部側が、他の議員の質問内容を根掘り葉掘り伝えるわけにはいきませんが、貴重な質問時間を活かすためにも、適切な調整は必要です。

答弁者になりきる

　一般的に、答弁書案を書く人と実際に答弁する人は異なるケースがほとんどだと思います。部長答弁はもちろん、首長答弁であっても、原案は担当が書くことになるでしょう。

　これに対して、首長答弁なのだから首長が書くべきとの意見もあるかもしれませんが、現実的には、首長がすべてのヒアリングをこなして、原稿まで書くということは時間的制約から言っても難しいと言わざるを得ません。

　首長は、上がってきた答弁書案に手を入れ、決定し、実際に答弁するということで、十分に役割を果たしています。

　さて、案を書く立場としては、そうした事情は十分にわかりつつも、部長答弁であれば事務方ですからまだしも、首長答弁案を書くのはおこがましいと考える人もいるかもしれません。そう思うのも自然なことでしょう。

　しかし、誰かが案を書かなければ始まりません。

　ここは、答弁者に成り代わって、書き進めましょう。

　その際には、

「答弁者になりきる」

ということを心掛けたいものです。

　首長の答弁書案であれば首長に、部長の答弁書案であれば部長になりきるように努めます。**それぞれの立場によって答える内容は変わってきますから**、それは必要なことです。

　芸人さんの世界に、憑依芸人と呼ばれる方々がおられます。コント

などで、自分とは全く別のキャラクターに取り憑かれたかのようになりきるコメディアンのことを言います。そこまでいくべきかどうかは何とも言えませんが、なりきることは必要です。

　首長答弁であれば、首長が普段から伝えていること、選挙で訴えていたことなどを思い出し、首長ならどう言うだろうということを考えながら書いていきます。部長答弁であれば、日ごろの指示事項や信念などを思い出しながら書き進めます。

COLUMN　時節に合わせる　禁句に気を付ける

　言葉は生き物です。

　聞いている人にスパッと刺さることもあれば、知らないうちに人を傷つけてしまうこともあります。

　そして、同じ言葉でも、急に生き生きしてきたり、ほんの少し前までなら問題なかったのに、ある時点から使うべきではなくなったりすることもあり得ます。

　東京オリンピック・パラリンピックの誘致を進めるためのプレゼンテーションをきっかけに、「おもてなし」という言葉が流行したことがありました。例えばその時期に観光施策について問われた際、

　　「……、これらのハード整備に加えて、迎える私たちのおもてなし
　　の気持ちが大変重要になってくるものと考えております」

といった答弁が行われたのではないでしょうか。

　流行語を使うと答弁が軽くなってしまう心配がありますので、安易に使うのはよくないと思いますが、聞いている人にピンと来てもらえる効果がありますので、要は使いどころでしょう。

　平成28年は、アメリカ大統領選挙や東京都知事選挙を通じて、「〇〇ファースト」という表現が広がりました。

　「住民の安全を第一に」などという際に、「住民安全ファースト」

　後で読んだとき、本当に自分が書いたのか、と思えるくらいになっていたら、なりきりに成功したことになります。

　と表現すると、軽くなってしまうでしょうか。また、政治的なスローガンは、使い方に注意が必要です。

　一方、行政として、使い方に配慮すべき言葉もあります。

　例えば、

　「人口減少や公共施設の老朽化など、難しい課題が津波のように押し寄せています」

といった表現は、東日本大震災の記憶が生々しいなかでは使うべきではないでしょう。

　また、

　「利用者のお気持ちもきちんと忖度しながら、施設の運用を進めていきたい」

といった表現も、「忖度」という言葉があまりいいイメージで使われていない状況を考えれば、あえて使うべきではないでしょう。忖度にはいい意味もある、などと主張したい人もいるかもしれませんが、その主張は、答弁書とは別の場面でするべきでしょう。

　何気ない言葉が、答弁全体の印象をガラッと変えてしまうこともあります。

　答弁書作成者としては、言葉の一つ一つにまでこだわりたいところです。

答弁書案の決定

　通常、行政の仕事はかなりの時間をかけて練り上げていきます。

　事務や事業を進めるにあたっては、担当者がいろいろな情報を仕入れ、過去の文書や他の自治体の状況なども確認し、上司の指示も得ながら起案の形に仕上げ、稟議していくこととなります。その結果、意思決定に、数日、数週間、場合によっては数か月かかることも珍しくありません。

　しかし、議会の答弁作成にはそんな時間はありません。

　今日の明日、ということはしばしばでしょうし、今日の今日、ということもあるでしょう。質問がなされる日は決まっていますから、それに合わせて対応するしかありません。

　一つの部署の答弁が固まらないばかりに、多くの関係者が帰れないということも起こり得ます。そうしたことが重なると、答弁書を作ること自体への嫌悪感が役所全体に広がりかねません。難しい調整があることはよくわかりますが、期限は必ず守るようにしたいものです。

　答弁の最終責任者はもちろん首長ですが、実際にヒアリングに行ったのは担当者であり、手が入ることを前提に答弁書案を書いているはずです。

　細かい質問のニュアンスや、質問者の意図などは、担当者にしかわからないところが多々ありますので、しっかり伝えていきたいところです。修正の指示が出た場合にも、質問の意図とかみ合わなくなる恐れがある場合には、その旨の意見を述べる必要があります。

　答弁書案が固まったら、資料や想定問答などをしっかり整え、読みやすさにも配慮することが大切です。

議場でのやり取りの確認

　各自治体で、議場の様子の庁内への伝え方はまちまちだと思います。

　庁内放送で流しているところもあるでしょうし、控室が設けられていて、そこでテレビが見られるようになっているところもあるでしょう。近年では、ネットでの中継を自席のパソコンで見られるようにしているところも増えているのではないかと思います。

　答弁書の作成担当者は、答弁書案を仕上げて終わりではなく、議場でのやり取りをしっかりチェックするようにします。

　まず、**原稿と実際に使われている言葉を照らし合わせて、そのまま使われたかどうか確認**します。特に数字などについては、言い間違えがないか、チェックが必要です。

　質問が予定どおりであれば答弁内容が変わることはないはずですが、議論は水物ですので、何が起こるかわかりません。流れのなかで質問が微妙に変わり、それに合わせて予定していなかった答弁を行い、**万が一、誤った内容を伝えてしまうようなことがあった場合、それを直ちに議場に伝えに行かなければなりません。**

　また、想定していた範囲を超えた内容に質問が及び、答弁者が立ち往生しそうな場合にも、すぐに対応しなければなりません。

　順調にやり取りが進んでいる場合も、答弁書案の内容と実際の読みが微妙に違うことがあります。首長や部長が、自分がしゃべりやすい言葉に変えているとすれば、次回以降はそちらの表現を使った方がいいでしょう。

　質問者との間合いや全体を通しての空気などもチェックしておきたいところです。ヒアリングではさらっと行くはずだったのに、意外と

こってりとした質問になっていたり、深く聞かれるはずがあっさり
だったり、この辺りはふたを開けてみないとわかりません。各議員の
傾向や癖のようなものもありますので、よく見ておきましょう。

COLUMN　　はやく書くには

　答弁書作成において、長時間の残業が発生することが問題になっ
ている自治体が少なくないと思います。国会のように、そのために
徹夜の連続ということはさすがにないでしょうが、深夜までの残業
となるケースも多いのではないでしょうか。

　さて、質問をいただいてから答弁書案を提出するまで、どのくら
いの時間があるでしょう。

　自治体によって対応は異なっていて、議員の準備によっても変わ
ってくるとは思いますが、慌ただしいことはどこも同じでしょう。
いつもの文書作成とは、別次元のスピード感で答弁を作成すること
が求められます。そして、担当者が書き上げないと、組織自体が居
残りになるということになりかねないのです。

　こうしたことを抜本的に解決するためには、議会答弁のあり方や
議会日程を見直す必要が出てくる可能性があり、それはこの本の守
備範囲を超えています。しかし、担当者がはやく仕上げさえすれば、
その分だけ業務時間が短くなるのは確かです。

　では、「速く書く」ためにはどうしたらいいのでしょうか？

　まずは、「書くことに慣れる」ということが大切だと思います。

　「話す」「聞く」ということは、日常的に行いますが、「書く」とい
う動作は自らそうした場を作らない限り、あまり機会がありません。
普段書き慣れていないと、頭でわかっていてもうまく文章にできな
いということになりがちです。

⚠ 答弁調整のための会議

　県や政令市など、大きな自治体になると、答弁書の内容を確定する際に、首長が参加しての会議が開かれるようです。会議の名称は自治体によって違っていて、「答弁打合せ会」「答弁勉強会」「調整会議」など様々です。

　答弁書案作成者とすれば、この会議が非常に緊張する場になるでしょう。その場で答弁書案を読み上げることもあるようですので、なおさらです。

　ツイッターやフェイスブックなど、公的なものではなくても構わないので、「書く習慣」を身につけておきたいところです。

　ただし、スマートフォンではなくパソコンを使わないと、実戦にはあまりつながらないかもしれません。スマホ言葉とPC言葉は異なるものですし、キーボード入力の速さにもつながりません。

　また、**日ごろからアンテナを高くしておく**ということも重要です。

　質問内容の詳細はヒアリングで聞くことになりますが、議員の話がちんぷんかんぷんではまた出直すことになりかねません。極端な専門用語はわからなくても仕方がありませんが、国政で大きな話題になっている出来事や、自治体行政のトピックスなどは、所管していない内容であっても一通り押さえておきたいところです。

　いろいろなことを知っていると、ヒアリングがスムーズに進むだけではなく、それを盛り込む際のさじ加減もよくわかるでしょうから、答弁書作成が迅速に進みます。

　「速く書く」ことが苦手でも、「早く書く」ことはしたいところです。

　ヒアリングなどの段取りを早めに行い、過去の答弁などもあらかじめしっかりチェックしておけば、スタートダッシュを決めることができます。そうすれば、早く進めることができるでしょう。

　担当者が早く書き上げれば、それだけ首長をはじめとする上司が確認する時間が長くとれることになります。

　いい答弁書を作るためには、なるべく「はやく」仕上げることも大事な要素なのです。

第3章

書き方の工夫とコツ

第1章

第2章

第3章

第4章

第5章

第6章

資料

　答弁書は、普段作成している行政文書とはかなり違います。

　独特の考え方や表現が求められる世界であり、紙としてそのまま残ることが前提である他の文書とは、その性質が異なっています。

　「伝える」ということが目的であることに変わりはありませんので、そこまで特別視する必要はありませんが、答弁書作成の際に、特に注意しておきたいことがあるのも確かです。

　答弁書を書く際の工夫とコツを知ることは、いい答弁書を作るうえでの近道になると思います。答弁書作成の勘所のようなものを挙げていきますので、参考にしてください。

敬意を持って対応する

　まずは、工夫やコツとはちょっと違う、心構えの問題です。

　質問者である議員は、選挙で選ばれた住民の代表です。常に敬意を持って対応しなければなりません。

　業務に関することについては、議員より職員の方がよく知っていることが多いと思います。仕事として毎日それをしているのですから当たり前です。そこを勘違いして、

「こんなことも知らないのか」

「現場の苦労もわからないで質問してほしくない」

という発想になってはいけません。伝わっていないところがあればきちんと伝え、理解を深めてもらうようにしましょう。

　また、見解に相違があり、自分たちがやっていることを否定されることもあるでしょう。そうした場合、いい気持ちはしないと思います。しかし、いろいろな意見があるのも、当然のことです。そうしたときこそ、自分たちの思いをしっかり伝えるべきです。

　議会対応に慣れてくると、はじめの緊張感が失われてきます。そして、議員のことを評論家的に見る方が格好よく思えてくるかもしれません。しかし、常に、議員の後ろには、尊い一票を託した住民がいることを忘れず、敬意を持って対さなければいけません。

　相手を尊重する姿勢が、いい答弁書につながると思います。

聞かれていることに答える

　答弁書を作成する際に常に心掛けるべきは、「**聞かれていることに答える**」ということだと思います。

　聞かれたから答えるのであって、聞かれていることに答えるのは当たり前のことのように思えますが、書いているうちに内容が逸れていくのは、実によくあることです。

　例えば、こんな質問があったとします。

「待機児童が前年と比べて全体では減少したとのことだが、市内の
　地域によっては逆に増えているところもある。地域ごとの分析は
　なされているのか」

　こうした質問に対して、待機児童を減らすことができたことを強調したいがあまり、次のような答えになることがあります。

「待機児童については、全国的に増加傾向にあるなか、当市ではい
　ろいろな対策を総動員することによって、昨年度より減らすこと
　ができました。県内でも、待機児童が増えた自治体の方が多い状
　況であり、当市の取り組みはかなりの効果を上げているものと考
　えています。

　　地域によって待機児童が増えているところもあるとのご指摘で
　すが、すべての地域において受け入れ児童を増やすのは現実的に
　難しいことから、年によってある程度のバラツキが出てしまうの
　はやむを得ない面があるものととらえております」

　答える側とすると、懸命に進めている待機児童対策が一定の効果を発揮しているのに、たまたま増えてしまったところを指摘されるのは不本意、という気持ちが生まれるかもしれません。

　しかしながら、質問者は、

「地域ごとの分析はされているか」

ということを聞いているのであり、そこに答えなければ答弁になりません。

　書いているうちに、これも書きたい、あれも伝えたい、となるのはよくあることです。

「何を聞かれているのか」

ということを、常に念頭に置くように気をつけましょう。

COLUMN　答弁書にユーモアは必要か

　日本人にはユーモアが足りない、とよく指摘されます。

　テレビをつければバラエティ番組ばかりですし、お笑い芸人の皆さんも大いに活躍されているように見えますが、外国と比べて、政治やビジネスの場では堅苦しいイメージを持たれているようです。

　ユーモアは場を和ませますし、それによって議論が活発になったり、頭が柔らかくなり斬新な発想につながったりといった効果も期待できます。ですから、人気講師は、話の中に笑いの要素を大いに盛り込んでいます。また、いわゆる「できるビジネスマン」は、交渉の現場などにも、効果的にユーモアを取り入れているはずです。

　議場は、まさに議論の場です。であれば、ユーモアがいい潤滑油になりそうな気がします。個人的にも、もう少し場が和むようなやり取りが議場に増えたらいいな、と思うことがあります。当意即妙のやり取りが、新しい発想につながり、効果的な政策につながったら素晴らしいことです。

　一方、議場は「神聖な場」とよく言われます。

　議場は、有権者から選ばれた議員だけが質問に立てる場であり、行政の重要事項を真剣に論議する場です。議員は、登壇することを

重く受け止めておられます。

　そのため、あまりゆるくし過ぎてしまうのはそぐわない感もあります。このあたりのバランスが難しいところです。

　さて、議員の中には、ユーモアを交えて質問される方も少なくないと思います。

　「安心してください」や「今でしょ」などといった流行語を交えたり、自身の年齢や体型をいじるちょっとした自虐ネタを披露したりして場を和ませます。巧みな話術に、知らず知らずのうちに引き込まれてしまうこともあります。

　では、答弁者側もユーモアを持って答えていいのでしょうか？

　これは、場合による、としか言いようがないと思います。

　悪ふざけをするのはもってのほかですが、ユーモアたっぷりになされた質問に、型にはまった答弁で返すというのも、味がなさ過ぎる感じがします。ゆるキャラやB級グルメなど、新たな取り組みで自治体の魅力を上げていこうといったテーマが取り上げられている場合も、少し柔らかいやり取りがあってもいいのではないでしょうか。

　その反面、いくら面白いことを思いついたからと言って、真面目に質問されている場合に、ユーモアを交えるのはどうかと思います。

　議場にユーモアがあってもいいはずですし、質問者と答弁者の信頼関係の中で、やり取りが盛り上がっていくのもありだと思います。

　しかし、それをするのは、あくまで質問者と答弁者であるという気がします。答弁書案の作成者は、あくまでも黒子の立場。その存在があまり「狙い過ぎる」のはよくないかもしれません。

わかりやすさにこだわる

　答弁書を書く際には、「わかりやすさ」について十分配慮したいところです。なぜなら答弁は、聞く側に、一度だけで伝えなければならない、という前提があるからです。

　この場合の「聞く側」とは、質問をされている議員だけではなく、議場にいる他の議員や理事者であり、傍聴者であり、テレビやネットで中継されているとすれば、その視聴者ということになります。

　質問者には、質問への答えがちゃんとなされていることをわかってもらう必要があります。その場ですぐに理解できるような内容になっていなければなりません。

　質問者以外の議場にいる人たちにとっては、初めてやり取りを聞くことになります。わかりにくい表現などは、言い方を変えたりするなど、かなりかみ砕いておかないと議論についていけないことになります。

　テレビやネットでの視聴者はもっと遠い存在です。専門的な話にならざるを得ないこともあり、100人中100人に理解してもらうことは難しいにしても、たまたま聞いておられる方にも伝わるような内容にするよう心掛けたいところです。

　答弁書は、視覚に訴えることができません。言葉だけで、1回でわかってもらうためには、普段以上にわかりやすさを意識しなければなりません。

Ⅳ 書き方の型を知る

　「型にはまる」若しくは「型にはめる」と聞くと、あまりいいイメージがないかもしれません。

　ありがち、平凡、ありふれている、画一的、個性がない、などと受け取られることが多い言葉でしょう。議会答弁についても、「型にはまった答弁」などと言われてしまった場合、それは当然ながら誉め言葉ではありません。

　一方で、「**型を知る**」ということは非常に大切だと思います。

　何事も、まず基本を押さえないと先に進めません。スポーツはその典型ですが、芸術の分野でもそうでしょう。基礎を学び、フォームを固めるところから始めなければ、その先の成長は見込めません。個性を出していくのは、知るべきこと、覚えるべきこと、押さえておくべきことなどをきちんと理解し、自分のものにした後とするべきでしょう。

　それは仕事でも同じだと思います。答弁書作成でも、まずは型を理解しましょう。

　一般的な答弁書の流れは、次のようなものだと思います。

① 枕詞（はじめに）
② 質問内容の確認
③ 現状認識
④ 執行部の考え方とこれまでの対応、今後の方針
⑤ 結び

文章にすると、次のような展開になるでしょう。

---

① 　●●議員のご質問にお答えします。

② 　○○が、××となっており、◇◇するべきではないかとの
お尋ねでございました。

③ 　○○につきましては、近年……となっており、★★と認識
しているところです。

④ 　そのため、当市といたしましても、▽▽すべきと考え、※
※してまいりましたが、今後は一層△△に努めてまいりたい
と考えております。

⑤ 　○○は、□□していくためにも重要な課題ととらえており
ますので、引き続き最優先に取り組んでまいります。

といった感じです。

　もちろん、何もかもこの型にはまるわけではなく、ごく端的に数字
だけを答える場合もあるでしょうし、議員の認識と全くかみ合わない
場合は違う展開になるでしょう。また、各自治体によって、独自に進
化した型もあるかもしれません。

　それでも、聞かれていることに答える、聞いている人にわかりやす
く答える、ということを意識していると、おおむね同じような展開に
なるということも言えると思います。

　スポーツでもそうですが、型は頭で理解するだけでは身につきませ
ん。場数を踏み、実戦を経験して初めて、自分のものになっていきま
す。

　書いて、修正してもらって、書き直して、の連続のなかで、型を叩
き込んでいきます。

もうひと押し　枕詞

「枕詞」というと、普通は和歌を思い浮かべると思います。

ある一定の言葉に冠する決まり文句で、「あしひきの」「たらちねの」「ひさかたの」などが有名です。

そこから転じたようですが、枕詞は「前置きの言葉」という意味でも使われます。議会の答弁でも、なんらかの枕詞を述べてから本論に入る場合が多いと思います。

簡潔な例とすれば、

「お答えいたします」

「ご答弁申し上げます」

となります。

少し加えれば、

「○○議員のご質問にお答えします」

「○○議員の、××についてのご質問にお答えします」

となるでしょうか。

枕詞については、必ず入れなければいけないというものでもないと思いますが、議長に指名されていきなり答えを話し始めるより、ワンクッションあった方が、話しやすく聞きやすいように思います。

答弁する側としても、一旦息を整えて、という効果もあるようです。特に、予期していない質問に対応する際など、ほんの短い時間ではありますが、決まったフレーズで話し始めることによって心に余裕ができる面もありそうです。おそらく、所属する部署によって、使う枕詞が脈々と受け継がれているのではないでしょうか。

総務部は昔から、

「○○議員のご質問にご答弁申し上げます」

と丁寧に、建設部は

「お答えします」

と簡潔に、など、個性も出ているかもしれません。

答弁書を作成する立場とすれば、それを受け継いでもいいとは思いますが、時々の部長によって使い分けてもいいかもしれません。

例えば、どちらかというとゆっくり話される部長には、短めの枕詞がい

いでしょう。また、失礼ながらあまり滑舌がよくない部長には、「ご答弁」より「お答え」の方がいいかもしれません。

　答弁書を作成する際には、そんなちょっとした配慮もしたいところです。

COLUMN

仕事の「守破離」

　「守破離」という言葉があります。

　武道や茶道において、修行における段階を示したものとされていて、

・「守」は、師や流派の教えや型を忠実に守り、確実に身に付ける段階
・「破」は、その型を自分と照らし合わせて研究することにより、自分に合った、よりよいと思われる型をつくることにより既存の型を破る段階
・「離」は、型から離れ、独自の新しいものを生み出し、確立させ、自在になる段階

などとされます。

　仕事にも同じようなことが言えるのではないでしょうか。

　役所の仕事には、ある種の「型」があります。なかには、首をかしげたくなるような古い内容もあるかもしれませんが、まずはその型を守ることから始めた方が新たなものを生み出すためにも近道になることがあります。

　先輩たちが作り上げ、脈々と受け継いできたものです。そこには、必ず何らかの意味があります。

　しかし、型にどっぷりはまり、変化を厭うようになってはいい仕事はできません。

　型にはまったからこそ、見えてきたものがあるはずです。いい面もあれば悪い面もあったでしょう。引き継ぐものは引き継ぎつつ、新しい時代に合わせて型を破ってみましょう。いろいろなところで抵抗があるかもしれませんが、型を知っている人の言葉は強いものです。きっと説得力を持って受け止めてもらえるでしょう。

　そして、最終的には、新たな境地に達し、自在な存在になりたいものです。なかなかそこまではいけないでしょうけれど……。

　答弁書作成でも、この「守破離」という言葉をかみしめたいものです。
　いきなり、今までのやり方を全否定しようとしても、誰もついてこないでしょう。守るべきは守り、その領域はしっかりこなしたうえで、新たな展開を提案しましょう。

Ⅴ　過去の答弁を確認する

　答弁を作成する際には、過去の答弁と食い違わないようにすることが非常に大切です。ちぐはぐな答弁をしてしまうと、答えた内容の信憑性が問われることになりますし、ここまでの行政運営の適正さが疑われることにさえなりかねません。

　これは、過去の答弁に縛られ続けなければならないということとは違います。時代の変化もありますから、以前にした答えと違う答えをするべきこともあり得ると思います。しかし、以前の答えを知っていて新たな考えを披露するのと、それを知らずに言ってしまうのとでは大きな違いがあります。

　過去の答弁と異なる内容の答えをする場合、

「以前、○○と答弁をいたしましたが、××法が施行されたことにより調査対象が変更となり……」

「一昨年、○○議員からのご質問に対し、××の方針とお答えしましたが、その後地域に大型開発が進んだ結果、大きく状況が変化いたしましたので……」

といったように、方針が変わったことをしっかり伝えるべきだと思います。

　こうした答弁をしようと思うと、過去の答弁内容を調べておく必要があります。

　ITがそれほど進んでいなかった時代は、

「そう言えば何年か前にそんな質問があったな」

といった記憶や勘を頼りに、分厚い議事録を当たったりしたこともあったかと思います。今はキーワードを入れるだけでサクサク検索で

きるようになっている自治体が多いでしょうから、便利な時代になったものです。

　質問を受けたら、**同様の質問がかつてなされなかったか、検索する**癖をつけるといいと思います。もちろん、新しい課題についての質問であったり、毎回聞かれている質問であったりなど、過去の答弁に当たる必要がないケースも少なくないとは思いますが、以前どう答えたかな、と思いを巡らせることは常に必要でしょう。

COLUMN

コピペ厳禁

　何かとお騒がせのアメリカのトランプ大統領ですが、選挙期間中には妻のメラニアさんもひと騒動起こされていました。

　アメリカ共和党全国大会でメラニアさんが行った演説に、あろうことかオバマ前大統領のファーストレディであるミシェルさんが平成20年に民主党大会で行った演説の一部と同様のフレーズが含まれていたのです。

　このいわゆる「コピペ」は、世界的に大きな話題となったので、ご記憶の方も多いでしょう。

　パソコンが普及し、ネットからあらゆる情報が手に入るようになり、他の人が書いた文章をコピーすることが、実に簡単になりました。コピー元さえ見つかっていれば、所要時間わずか数秒にしてコピペ完了です。

　こうして、コピペを行うためのハードルが下がれば下がるほど、そうしたい願望が募ります。

　答弁書でもそうではないでしょうか。

　以前に答えた内容や、他の自治体での同様の受け答えなど、コピーする気になれば、本当に簡単にできます。著作権があるわけではないし、物を盗むわけでもないですから罪悪感もそれほどありません。軽

　簡単に検索できるのですから、サクッとやっておきましょう。

　一方、簡単に検索できるということは、食い違った答弁をしてしまった場合、それがすぐに知られてしまうということでもあります。また、議員もこれまでの答弁内容を調べたうえで質問してきていると考えるべきですので、うっかりミスは許されなくなったということでもあります。その点も、心しておく必要があります。

い気持ちで、コピペできてしまいます。

　しかし、当然のことながら、コピペは厳禁です。

　他の自治体の会議録を読むのはいいことですし、大いに参考にするべきだと思います。ネットにある識者の声も役に立ちます。ただ、それをそのまんまコピペしてしまったら、一歩足を踏み外したことになってしまいます。

　その自治体の考えを述べるべき場面で、他の自治体の答弁や誰かの見解をそのまま引き写していたとあっては、答弁への信頼は地に落ちてしまいます。

　簡単にコピーできるということは、簡単にコピーかどうかチェックできるということでもあります。

　誰にもわからないだろうと高をくくっていたら、後日誰かに見破られるということもあるのです。そうなったら、大きなものをなくしてしまいます。

　信用を築き上げるのは大変ですが、失うのはあっという間です。もしコピペして、それが後から見つかったら、それまでのすべての答弁が疑われてしまいます。

　そして、信頼を失うのは、答弁書を書いたあなたではなく、自治体全部なのです。

Ⅵ 答弁用語を知る

お役所言葉、という表現はいい意味では使われません。

わかりにくい、回りくどい、難解など、否定的なニュアンスでとらえられる場合がほとんどです。

答弁書に使われる言い回しも、半ば冗談のように解釈をされることさえあります。

例えば、「検討します」の本当の意味は、「検討しかしない、つまり実はやらないこと」と解説されたり、「前向きに」という言葉の意味は、「気持ちはなくはないけれど、具体的に動くことはないこと」と揶揄されたりします。

ひょっとしたら、ひと昔前まではそういう時代もあったのかもしれませんが、今はそうはいきません。

検討すると答えた以上、しっかり検討することが求められます。一定期間を経た議会において、検討の結果を求められて、実は何もやっていませんというわけにはいかないのです。言葉の重みが増していると言っていいでしょう。

それでも、議会答弁に特有の言葉や表現があるのも事実です。地域や自治体によって、微妙に異なっていると思いますので、職場の先輩に聞いたり、過去の答弁を読み解くなどして、ニュアンスを理解してください。

ここでは、多くの自治体でこのように使われているだろうと思われる言葉をいくつか取り上げてみます。

（1）「検討」と「研究」

「検討」という言葉を辞書で引くと、

「よく調べ考えること。物事を様々な面から調べて、良いか悪いか
　を考えること」

というような具合に書いてあります。

　一方「研究」という言葉は、

「物事や自然現象を詳しく調べたり、深く考えたりして、事実や真
　理などを明らかにすること」

とされています。

　似ていますが、普段の生活で使う際に混同することはないと思いま
す。例えば、来週の会議に出席するかどうかは、検討することであり
研究することではないでしょう。蜘蛛の生態は、研究することであり
検討することではないでしょう。

　そうした両者のもともとの言葉の意味を踏まえつつ、議会答弁では
おおむね次のような使い分けがされていると思います。

　つまり、

① 　実現に向けての可能性は、「検討する」の方が「研究する」より
　　上。

② 　「検討する」との答えは、実施に向けて具体的な行動をすること
　　が前提。

③ 　「研究する」との答えは、少し時間をかけて調べてみるという
　　ニュアンスで、実現には距離がある。

　似たような言葉だけに、安易に使ってしまうと誤解を招きかねませ
ん。十分に気を配りましょう。

（2）「参考にさせていただく」と「ご意見として承る」

　一般質問は、具体的な答えを求めるものが多いと思いますが、議員からの提案という形での質問もあります。すぐに実現はできないかもしれないが、こうしたアイデアはどうだろう、というものです。

　また、方向性は議員の要望と合致しているものの、いろいろな制約があってすぐには実施に移せないということもあります。

　そうした場合、議員の提案は一旦保留のような形になります。その際に使うのが、「参考にさせていただく」や「ご意見として承る」です。

　先に述べたような事情で、すぐに実現にはつながらない場合の表現ですが、「参考にさせていただく」は議員の提案を踏まえた検討をするような場合に使います。一方、「ご意見として承る」は、意見としてうかがいはしたものの、それを実施するのは難しいと感じている場合に使うのが一般的ではないでしょうか。

（3）「課題と認識している」と「事実を承知している」

　議員の質問中、提案に至る前段として、

　「○○のような現状を把握しているのかどうか」

といった問いがなされる場合があります。

　これに対し、確かに指摘されたような実態があり、対応する必要を認めているような場合に、「課題と認識している」と答えることが多いと思います。

　一方、「事実を承知している」と答えるのは、そうした状況があることは知っているものの、それに直ちに対応する必要があるとは考えていない場合でしょう。

（4）「国等に求めていく」と「国等の動きを注視する」

　法律で決まっているものや、守備範囲を超えているものなど、一自治体ではいかんともし難い課題についての認識を問われる質問があります。

　その際、課題の重要性を認識し、当該自治体としてもなんらかの行動を起こす必要があると考えている場合、「国等に求めていく」と答弁することが多いと思います。こう答えた場合、後の議会等で、「国にどのように意見を伝えたのか」「その結果はどうだったのか」との後追い質問がなされる可能性がありますので、しっかり対応しておくことが必要です。

　一方、そこまでの必要性を感じない場合、「国等の動きを注視する」という答弁になると思います。

　そのほかにも、いろいろな答弁用語があります。

　基本は、わかりやすく答えることですので、あまり小手先のテクニックに走らない方がいいと思いますが、ニュアンスの違いは知っておいた方がいいでしょう。議員は、その違いを敏感に感じるはずですから。

！ 言い回しの調整

　答弁は条例や規則などの法令文書ではありませんので、この場合はこう述べなければならないという厳密な取決めはないと思います。しかし、自治体によっては、こういう表現は控えよう、とか、こういう言い方に統一しようといった方針を示しているところもあるでしょう。そうした方針がある場合、当然それを踏まえて答弁を作っていかなければなりません。

　特に決まった方針がない場合でも、一つの答弁の中でいろいろな言い回

しがあるのは気持ちがいいものではありません。初めは内容重視で書き始めていいと思いますが、最終的には言い回しの確認もしっかりしておきたいところです。

　答弁でよく使われ、統一したい表現の例は、次頁のとおりです。

COLUMN 「考えております」ばかりというのも……

　議場で聞いているとそれほど気にならない言葉も、文字の状態で見るとどうしても気になることがあります。文頭や文末が、同じような言葉の連続になってしまうのも、その一つです。

　これから行う対策をできる限り挙げていく答弁の場合、「まず」で始まるのはいいとして、「次に」が続いてしまうのが気になります。そこで、「さらに」とか「加えて」などといった表現で重複を避けるようにします。

　「また」という言葉も、繰り返して使ってしまいがちなので、なんとか言い換えるようにします。

　文末では、「考えております」や「考えています」といった表現が、その代表例です。

　例えば、

　「○○については、全国的な課題になっているものと考えております。そこで、当市といたしましても、早急な対策を講じたいと考えております。しかしながら、財政的な制約もありますことから、

・「考えております」か「考えています」か
・「～しているところです」か「～しています」か（同様に、「～したところです」か「～しました」か）
・「～におきましても」か「～においても」「～についても」「～につきましても」「～でも」か
・「市民」か「市民の皆様」か
・「～でございますが」か「～ですが」か
・「議員ご指摘の」か「議員のおっしゃる」か　等。

　　　　　全地域での設置には課題があるものと考えております」
といった具合です。

　「思います」という表現では、ちょっと他人ごと感が出てしまいますので、「考えております」という表現がふさわしい場面が多いのですが、あまり続いてしまうとなんだか居心地が悪い感じがします。

　「考えてばっかりだなあ」などと、どこかから突っ込む声が聞こえてきそうです。

　そこで、「とらえております」や「認識しております」のように、似たような意味を持つ言葉に言い換えようと工夫してみたりするのですが、どうもニュアンスが変わってしまうようにも思えます。紙に残す行政文書ばかりを書いている職員は、いつもの癖なのか、「思料します」といった表現を使ったりもしますが、普段使われない言葉はわかりにくく、答弁にはふさわしくありません。

　実際のところ、聞いている側は、「考えております」が少々続いたところで、それほど気にはなりません。小細工をして文脈がおかしくなってしまうくらいなら、続けても問題ないと思います。

　と、わかっていても気になるものですが……。

本番を想定した準備をする

　備えあれば患いなし、と言います。答弁書においても、万全の準備で臨みたいものです。

　ましてや議会答弁では、答弁書の準備をした人と実際に答える人が異なっている場合がほとんどです。こうした情報は知っているはず、こうした質問への対応は頭に入っているはず、などと決めつけずに、できる限りの準備をしておく必要があります。

　ヒアリングの際の肌感覚を知っているのは答弁書を作成する人ですから、本番でどのような展開になるかイメージして、しっかり備えましょう。

（1）想定問答集

　ヒアリングにおいて、詳細な質問項目が聞き取れなかった場合や追加の質問はないとの確認が取れていないような場合においては、想定問答を用意しておく必要があります。

　とは言っても、あらゆる質問に対応するのは不可能ですし、あまり想定の数が多過ぎても使い切れませんので、的を絞って準備しなければなりません。

　例えば、「路上喫煙対策について」との質問要旨があり、ヒアリングでは、「現状の喫煙対策について確認させてもらって、そのあとは答弁次第」と伝えられたとします。答弁書案の作成者は、その場のニュアンスで、もっと厳しくやるべきと考えておられるのか、地域を絞るべきと考えておられるのか、など質問の方向性を理解することが大切です。

　そのうえで、いくつか想定される質問を考えます。想定なので外れることもあり得ますが、ピタッと当てはまっていなくても、そこに書いてあることを読めば、遠からずの答弁ができることが大切です。

　この例で言えば、

　　・現在の対策でどのような効果が上がっているのか

　　・他の自治体と比べてどうなのか

　　・現状をどのように評価しているのか

　　・今後、どのような対応をとっていく方針なのか

といった想定をすることが考えられます。

　答弁者に対して、「１問目の答弁次第とのことなので、２問目以降はどんな質問が来るかわかりません」とだけ伝えてしまうようでは、答弁書を作成する担当者の責任を果たせているとは言えません。ヒアリングをしっかり行い、質問者の意図をくみ取ることにより、答弁者に安心して議場に入ってもらえるようにしなければなりません。

　想定問答集では、通常の答弁書案のように丁寧な内容を作る必要はないものと思います。要点をわかりやすく示し、とっさの対応が可能なようにしておくべきでしょう。

⚠ 想定問答集の例

想定問答集

○質問項目　自転車駐車場の整備について

> 質問要旨　○○駅前に、もう１か所自転車駐車場を設置すべきではないか？

質問①
　○○駅前の放置自転車の数の推移は？

回答

過去５年間の推移を見ますと、減少傾向にあります。

（平成24年度と比べると平成28年度は、約30％の減）

平成28年度　　85台
平成27年度　101台
平成26年度　111台
平成25年度　115台
平成24年度　125台

質問②

○○駅前の放置自転車数は、市内の他の駅と比べてどうか？

回答

市内の駅の中では、最も放置自転車が多い駅となっています。

しかしながら、他の駅の放置自転車数がほぼ横ばいで推移しているのに対し、○○駅前は年々減少しています。

○○駅　85台（平成24年度比　△32％）
◇◇駅　65台（　　〃　　　△１％）
▽▽駅　50台（　　〃　　　△５％）
☆☆駅　45台（　　〃　　　＋２％）

質問③

○○駅前の放置自転車についての苦情件数はどのくらいか？

回答

正確な数を把握してはいませんが、年間数件程度であると認識しています。

（「市長への手紙」による苦情、要望はゼロ）

質問④

　○○駅は、学生も多く利用している。大きな事故が起こってからで
は、手遅れではないか？

回答

　市内各駅に、自転車整理員を配置し、事故が起きないような態勢を
とっています。

　○○駅前では、放置自転車による交通事故は過去５年間で発生して
おらず、今後も十分に注意していきます。

（2）資料の準備

　本会議の場で数字の質問がなされる場合、基本的には事前にその旨
が伝えられているはずだと思います。いくら所管の業務であっても、
細かい数字をいきなり聞かれては答えられるはずもありませんし、答
えられなければその先にも進めないからです。

　しかし、議論の進行によって確認が必要となる数字や、大きな方向
性を示す指標などについては、事前通告なしに質問がなされる可能性
があります。こうした資料については、きちんと用意しておきたいと
ころです。

　漏れがあっては大変ですから、細大漏らさず添付したいところです。
しかし、細かい数字が羅列されているような表を付けられても、とっ
さの場面で答弁者は対応できません。**なるべく見やすく大きな字の資
料を添付すること、インデックスなどを付けて探しやすくしておくこ
と**、などの配慮をしたいところです。

　それでも、用意していなかった数字を聞かれる可能性もありますが、
細か過ぎる質問を通告なしに聞くのはルール違反であり、そうしたこ
とはあまりなされないはずです。十分な準備をしているにもかかわら
ず、なおかつ答えられないような詳細な数字を聞かれた場合、手元に

資料がないこと、議案質疑であれば委員会でしっかり答えること、などをきちんと伝えれば、それでいいのではないかと思います。

⚠ 用意する資料の例

○質問項目　教職員の時間外勤務について

> 質問要旨　教職員の過重な時間外勤務が大きな問題になっており、当市としてもしっかり管理すべきではないか？

・資料１　過去５年間の時間外勤務の推移
・資料２　休職となっている教職員数の推移
・資料３　教職員の時間外勤務の近隣市との比較

COLUMN　議会図書館を使おう

　地方自治法第100条第19項に、次のような規定があります。

　「議会は、議員の調査研究に資するため、図書室を附置し前２項の
　規定により送付を受けた官報、公報及び刊行物を保管して置かな
　ければならない」

　自治体ごとに、その充実度合いはかなり違うようですが、この規
定に沿って議会図書館が設置されているはずです。そして、ほとん
どの場合、議会関係者しか使えないといった閉鎖的な運用はしてい
ないのではないでしょうか。

　それならば、活用しない手はありません。

　もちろん、蔵書数は普通の図書館の方が圧倒的に多いと思います
が、議会図書館には議会運営に特化した書籍が並んでいます。こん
な場合、どうしたらいいんだろう、という疑問に答えてくれるかも
しれません。

　また、自治体が過去に出した統計書や種々の計画書、各省庁が発
行している白書なども置いてあるでしょう。答弁書を作成する際に
参考になるかもしれません。

　答弁に直接使えるかどうかはさておいても、普段ならあまり手に
取らない本が議会図書室には並んでいると思います。貸し出しもし
ているでしょうから、一度利用してみてはいかがでしょう。

Ⅷ 相手に配慮して答える

　議員からの質問が、いつも行政側の方向性と合致していれば、お互いに気持ちよく終われるのですが、もちろんそうとばかりは限りません。

　ときには、行政側の意図と全く反対の立場からの質問もあります。また、場合によっては、事実関係の誤認に近い前提による質問もあり得ます。

　こうした質問に対しては、さすがに肯定的な答弁はできませんが、それでもしっかり礼は保ちたいところです。できないことはできないと、間違っている場合は間違っていると、きちんと述べる必要があり、そこははっきりさせるべきですが、頭から否定するのはどうかと思います。

　本来、事実関係の誤解についてはヒアリングの段階ですり合わせをしておきたいところですが、見解の相違とでも言うのでしょうか、どうしてもそのままの表現で質問に使われることもあり得ます。その場合も、間違っていると一刀両断せず、そういう見方もあり得る、そうしたとらえ方をされる向きもある、と収めるのが一般的だと思います。

　執行部側の方向性と真逆の提案がなされた場合も、そうした考えもあると、一旦は飲み込みます。そのうえで、こちらの主張を堂々と述べていきます。

　交渉術として、「Yes But法」などと言われますが、こうした進め方が議会答弁にも必要ではないかと思います。

　議員は、有権者の代表として質問されているということを、常に念頭に置かなければなりません。答弁書作成のベテランになればなるほど忘れがちなことですので、注意したいところです。

ペースに乗せられない

　相手に配慮する、と書きましたが、一方で相手のペースに乗せられてしまってはいけないケースもあります。

　質問には、当然意図があります。役所の考え方をこう変えたい、事業の進め方をこう変更させたい、といった狙いがあって質問がなされるケースも多いでしょう。それが、執行部側の意向と合致している場合は流れに乗っていけばいいと思いますが、そうでない場合には、答弁によってしっかり軌道修正していく必要があります。できないものはできない、見解が違うものは違う、とはっきり伝えなければなりません。

　その場合、質問者の答えてほしい内容とは合致しなくなり、やり取り自体がギクシャクする可能性があります。それでも、伝えるべきは伝えなければなりません。

　相手に配慮しながら、議論がかみ合うように答える必要がありますが、それと求められるままに答えることとは違います。議員は議論のプロであるうえに、質問や質疑の主導権は議員側にあります。だからこそ、思わぬ方向に答弁が流れてしまうようなペースにはまってしまわないように気を付ける必要があります。

COLUMN できれば使いたくない便利過ぎる魔法の言葉

　今よりずっと若い頃、答弁書案を初めて作成する機会がありました。

　自分なりにいろいろと調べ、言い回しも工夫し、質問者の意図も踏まえながら、行政側から伝えたいことも盛り込むように頑張りました。

　上司に見ていただいたところ、

　「うん、よく書けているけど、ちょっと直しといたから」

と、赤の入った原稿を返されました。

　思ったより修正箇所は少なかったのですが、最後の締めのところで、

　「いずれにいたしましても」

という言葉が挟まれているのに違和感を覚えました。それまでの流れとあまり関係のない表現のように思えたからです。

　次の機会に答弁案を書いたときにも、やはり「いずれにいたしましても」を入れて戻されました。

　「『いずれにいたしましても』って言ってしまうと、それまで縷々述べていたことが全部チャラになってしまう感じがするので、あまり使いたくないんですが」

と正直に言ってみたのですが、

　「わかるけど、『いずれにいたしましても』を使った方が、両方に
　　配慮した感じで座りがいいんだよ」
とのことでした。

　私は、なるほど、とは思いましたがなんとなくしっくりは来なか
ったので、それからもできる限り「いずれにいたしましても」は使
わないように心がけました。確かに「いずれにいたしましても」と
入れるとスムーズな流れになるような気がすることも多々ありまし
たが、意味のない意地を張るような感じがして……。

　答弁にはほかにも、「総合的に判断する」「国や他自治体の動向を
見定めてまいりたい」といった便利な言葉があります。

　もちろん、そう答えるしかない場合もありますので、そうした言
葉を使ってはいけないとはまったく思いません。

　ただ、「なんとなくおさまりがいいから」という気持ちで使うのは
避けたいところです。言葉が浮いて、気持ちがこもっていない感じ
がします。

　過去の答弁を確認し、参考にするのはとても大切なことですが、
安易な模倣は避けたいところです。

読みやすさ・聞きやすさに配慮する

　普段役所が作る文書は、あまり「読みやすさ」という点を配慮していないと思います。

　行政文書に求められるものは、「正確性」であり「公平性」です。文書に残す以上、抜けや漏れがないことが求められるため、どうしても回りくどく、堅苦しい文章になりがちです。専門用語もどんどん出てきます。

　一方答弁は、その場で聞いてもらったうえで、理解していただくことが目的となります。そのため、「読みやすさ」「聞きやすさ」「わかりやすさ」に十分配慮する必要があります。

　このうち「聞きやすさ」や「わかりやすさ」は聞き手側への配慮ですが、「読みやすさ」は読み手側、つまり答弁者への配慮です。

（1）読みやすくするテクニック

▶ 書式・体裁

　議場は、リハーサルなしの一発勝負の場です。読みにくい文書では、力を発揮できません。文学作品を作っているわけではありませんので、体裁よりも使いやすさを重視しなければなりません。

　おそらく、自治体ごとに答弁書の書式は決まっていることでしょう。まずは、大きな字で表すことが基本だと思います。

　答弁は立って行うことになりますから、目と原稿の距離がかなり離れていますし、照明の関係で、紙に書いてある字が読みにくい議場もあるようです。普段の行政文書は、10.5ポイントや12ポイントくらいで表記することが多いと思いますが、答弁書はもっと大きな字にな

るでしょう。そのためにページがかさむことになりますが、大切な場面ですから、ここをケチるべきではないと思います。書体も、明朝よりゴシックの方が見やすいでしょう。

　また、表記の仕方についても、いつもと違う配慮が求められます。

　例えば、通常ならしない場所での改行をした方がいい場合があります。

　具体的には、長い固有名詞、例えば「東京特許許可局」（実際にはこういう役場はないらしいですが）などは、行を分けずに書いた方がいいでしょう。日付や数字も同様に、同じ行に書きましょう。ちょっと違和感があるかもしれませんが、読みやすさという点では、こちらの方がいいと思います。

改行の例

ご指摘の内容につきましては、今後の取り扱い方を含め、
東京特許許可局と十分調整を図ってまいります。

本市の人口は、長期的に減少傾向が続いておりまして、
平成29年４月１日現在の住民基本台帳ベースの数字で、
21万４千人となっています。

　数字の表現にも配慮したいところです。特に、桁が大きくなるとどんどんわかりにくくなりますから要注意です。

　具体的には、例えば22,987,900円という数字は、2,298万7,900円と書いた方がいいと思います。読み上げることを配慮すれば、
「２千298万７千900円」
という表記もありだと思います。この辺りは、実際に答弁する方と事前に調整しておいて、読みやすい方で書いておくといいと思います。

▶ 読み仮名

　必要に応じて読み仮名も振った方がいいでしょう。

　読み仮名を振ると、まるで読めないことを前提にしているようで失礼に当たるように感じてしまうかもしれませんが、いざ答弁の際に間違って恥をかかせてしまうより、丁寧過ぎるくらいに気を使った方がいいと思います。

　読み仮名を振るべき代表例は、固有名詞です。人の名前はもちろんですが、馴染みがないと思われる場合、地名にも読み仮名を振りましょう。

　普段なら問題なく読める言葉も、議場ではふと読めなくなったり、読み間違えたりすることがあります。少しでもそういう可能性を感じたら、余計なことと思わずに読み仮名を振りましょう。

　例えば「参酌（さんしゃく）」「逐次（ちくじ）」「罹患（りかん）」「乖離（かいり）」といった言葉は、一瞬読めなくなる可能性があります。もちろん、答弁者は実際の答弁の前に何度か下読みをするはずですが、その時にはすんなり読めてしまっているにもかかわらず、本番で「あれっ」となることがあり得ます。

　本当は、こうしたややこしい言葉は初めから使わないに越したことはないのですが、ほかにうまい言い回しが思いつかずに使ってしまう場合、注意が必要です。

　「出生率」のような一般的な言葉でも、「シュッショウリツ」と読んでもらいたい場合は、そう読み仮名を振った方がいいと思います。「シュッセイリツ」という読み方もかなり広まっているからです。

　「世論調査」についても、「ヨロンチョウサ」とも「セロンチョウサ」とも言うようですから、「ヨロン」と読んでもらいたい場合は、読み仮名を振りましょう。

　「一朝一夕」や「順風満帆」など、読み間違える可能性がある四字

熟語を使う場合にも、読み仮名があった方がいいと思います。繰り返しになりますが、「馬鹿にしてるのか」と思われる可能性を気にするより、議場で思わぬ言い間違いが起きて答弁者が恥をかくことを防ぐべきだと思います。

▶ 発音しにくい言葉のチェック

私は、自分の滑舌が悪いと自覚しています。そもそも、「カツゼツ」という言葉さえ、うまく発音できません。

答弁者によっても、非常に流暢に話をされる方もおられれば、失礼ながらやや不明瞭な発音で話をされる方もおられると思います。

そこで、答弁書案を作る立場とすれば、なるべく発音しやすい言葉を選ぶように気を付けたいところです。

例えば、「喫緊の課題です」という言葉があります。「喫緊」という言葉を使った方が、いかにも緊急っぽい雰囲気が出ますし、短い言葉で言い表せるというメリットもあります。

しかし、「き」が続くこともあってなんとなく発音しにくい感じがします。ちょっとニュアンスが変わりますが、「待ったなしの課題です」の方が読みやすいのではないでしょうか。

私は、「シミュレーション」という言葉も苦手です。最初の「シミュ」のところがうまく発音できないからです。便利な言葉ですが、言い換えができるのならそうした方が、読み手にとってはありがたいのではないでしょうか。

（2）聞き手への配慮

「聞きやすさ」についても、十分な配慮が必要です。

答弁は、手元に文書もなく、スクリーンに関連資料の映写もないまま、1回の言葉だけで理解していただく必要があります。そのため、

なるべく簡潔にわかりやすい答弁を行うのが基本ですが、それに加えて、聞いてすぐに伝わるような工夫が求められます。

▶ 同音異義語

　同音異義語がある場合には、意味を取り違えさせないような配慮が必要です。

　例えば、「試行」という言葉については、「施行」と混同される心配があります。また、「思考」「志向」などの言葉もあります。そこで、

　「4月から試行、試して行うことでございますが、してまいります」のように書くことによって、誤解を防ぐようにします。ちょっとまだるっこしい感じがするかと思いますが、一度で理解していただくためには必要な配慮だと思います。

　ほかにも、「史料」と「資料」、「排水」と「廃水」など、混同されがちな言葉はたくさんあります。なるべくややこしい言葉は使わない方がいいと思いますが、使わざるを得ないときは、誤解されないよう工夫しましょう。

　「市立」と「私立」のような場合は、「イチリツ」と「ワタクシリツ」というように読み方を変えることで区分しましょう。これも答弁者のとっさの判断にゆだねるのではなく、あらかじめ「市立（イチリツ）」などと書くなどの工夫が必要だと思います。

▶ 専門用語

　議員からの質問は、かなり細部に及ぶことがあります。また、答弁を書く際にも、どうしても専門的な言葉を使わなければならないケースがあります。

　その場合に、質問者と答弁者の間ではわかるものの、傍聴者を含め、それ以外の方は置いてけぼりというのでは、ちょっと残念な気がしま

す。

　そこで、専門用語を使う場合には、極力簡潔な説明を入れるようにすべきだと思います。

　例えば、「経常収支比率」という指標を使って財政状況を説明しようとする場合、

　　「数字が大きいほど財政が硬直化し、自由度がなくなっているとされる経常収支比率で見ますと」

のように、簡単な注釈を入れれば、聞いている方も理解しやすいでしょう。

　建築や都市計画の分野は専門用語の宝庫のようになっていますが、例えば、

　　「通風、採光等を確保し、良好な環境を保つことを目的とした『斜線制限』を活用し……」

　　「整理する前の土地の地積が、区画整理事業により減少する『減歩』につきましても……」

のように、少しでも説明があるとわかりやすくなると思います。

▶「が」で長くつながない

　「が」という言葉は、文章をつなぐときにとても便利です。

　通常は、それまでに述べてきたことと反対の意味になる場合、つまり、逆接で使います。例えば、

　　「課題は多いですが、関係団体の協力を得ながら進めてまいります」

　　といった感じです。

　それに加えて、「が」は順接の場合にも使えます。例えば、

　　「ハイブリッド車の導入を進めてまいりますが、併せて水素自動車の購入についても検討いたします」

　　といった具合です。

　こうした短い文章ではあまり違和感がありませんし、文字になっていると自然に読めますが、聞くだけで理解してもらわなければならない答弁書において「が」で文章がつながれると、肯定しているのか否定しているのかわかりにくくなることがあります。

　例えば、

　「待機児童問題については、当市におきましても最優先に取り組まなければならない課題であると考えておりますが、保育士の確保などの課題がありますことから、簡単に解決できる問題ではございませんが、公約に掲げた内容でもあり、これまでも積極的に取り組んでまいりましたが、今後さらに取り組みを強化してまいります」

などとなってしまうと、あっち行ったりこっち行ったりする感じで、要は何が言いたいのかわからなくなってしまいます。

　順接の「が」をうかつに使うと、せっかくの前向きな答弁がなんとなく否定的に聞こえてしまうこともあります。

　「が」は便利な言葉ですが、それだけに使うときには気をつけましょう。

▶ カタカナ言葉

　役所で使う用語には、数多くのカタカナ言葉があります。

　インフラストラクチャー、クラウドファンディング、コンプライアンスなどなど、長くて難しそうな言葉が目白押しです。行政マンにとっては、普段当たり前に使っている言葉でも、一般にはほとんど馴染みがないということもあり得ますので、答弁書に使うときには注意が必要です。

　基本的には、極力使わないようにするべきだと思いますが、インターネットやボランティアといった完全に社会的に認知されている言

葉は問題ないでしょう。また、コミュニティやバリアフリーといった、言い換えようとするとかえってややこしくなる可能性がある言葉についても、そのまま使うしかないと思います。

　また、「スクラップ・アンド・ビルド」と言った方が、「事業の新設と廃止」と表現するよりわかりやすいように思いますし、「パブリック・コメント」の方が意見公募よりしっくりくる感じもあります。この辺りは臨機応変に対応しましょう。

　一時、導入が議論となった「ホワイトカラー・エグゼンプション」となると、誰も使わないと思いますが、「アセスメント」や「セット・バック」のように、日常生活ではほとんど使われないものの、行政では通常業務で出てくるといった言葉の扱いには悩むところです。

　通常はこのまま使ってしまうところだと思いますが、

　「その事業が周囲に与える影響を査定し評価するアセスメントをしっかり行いながら」

などと説明を加えた方がわかりやすいでしょう。

　カタカナ言葉を使うと、なんとなくカッコよく感じますし、それらしい内容に見えるように勘違いしてしまいがちです。アウトソーシング、アカウンタビリティ、コラボレーション……など、響きに酔ってしまいそうです。

　しかし、答弁は、伝わって、理解していただいてナンボの世界です。カッコよく感じられても、わかっていただけなければ意味がありません。「アウトソーシング」より「外部委託」、「アカウンタビリティ」より「説明責任」の方がより多くの人に伝わると思います。

　答弁は、読み手と質問した議員に加え、聞いている誰にでも理解できるような内容を心がけるのが基本です。カタカナ言葉を使う際には、特に気を付けたいところです。

COLUMN　プレゼンの極意は答弁に通じる？

　いいプレゼンテーションの仕方について学ぼうという意欲が高まっているように感じます。

　きっかけの一つは、招致に成功した東京でのオリンピック・パラリンピックの開催を呼びかけるプレゼンテーションだったでしょうか。それまで、日本人はどちらかと言えば口下手で、感情に訴えかけるのも得意ではないと思われていましたが、あの時のプレゼンは実に鮮やかで、胸に届きました。

　そのほかにも、亡くなったアップル創業者のスティーヴ・ジョブズ氏の華麗な新商品紹介や、テレビでも放送されているTEDというプレゼンイベントが人気を博すなど、日本でのプレゼン熱はこれまで以上に盛り上がっているように思います。書店に行けば、いいプレゼンをするためのノウハウ本がたくさん並んでいます。

　答弁も、言葉によって自らの思いや主張を届けようとするものですから、プレゼンと共通するものがありそうです。

　例えば、事例を示す場合は３点を目途にし、それを最初に述べるといったプレゼンの基本は答弁でも使えそうです。

　答弁に当てはめてみれば、

「産業振興策としては、主に次のような政策を進めています。

　　１点目は、工業団地の拡大、

　　２点目は、事業者に対する税の減免など優遇措置の実施、

　　３点目は、起業家への支援

　　でございます」

といった感じになるでしょうか。

　３という数字は、誰にでもすとんと落ちる、プレゼンのマジックナンバーと言われます。であれば、答弁でも使ってみる価値はありそうです。

　また、一文を短く、テンポよく言い切っていくというのもプレゼンに学びたいところです。

　答弁に当てはめてみれば、

「子供たちは市の宝であると考えておりまして、中学生の学力向上
　は非常に大きな課題ととらえているところであり、これまでも補
　助教員の配置、補助教材の配布、家庭との緊密な連携の推進など、
　さまざまな取り組みを進めてまいりました」

より、

「子供たちは市の宝です。

　　　これまでも中学生の学力向上のため、大きく分けて３つの取り
　組みを進めてまいりました。

　　　すなわち、補助教員の配置、補助教材の配布、家庭との緊密な
　連携の推進の３つです」

の方が、聞いている人にもわかりやすいでしょう。

　このように、共通点も少なくないプレゼンと答弁ですが、結論を
どこで言うのかという点は、異なっていると思います。

　プレゼンにはいろいろな手法があり、一概には言えませんが、基
本的には「結論先出し」が奨励されていると思います。わかりやす
さとともに、忙しい相手に迅速に大切な点を伝えるためには、初め
の段階で結論を示すべきとされているのです。

　わかりやすく、迅速に意見を伝えるという点では、答弁もプレゼ
ンも同じですが、答弁でいきなり結論を出されてしまうと、肯定的
な場合はともかく、そうではないときは、聞いた側は気分がよくな
いでしょう。

　答弁では、先に書いた「型」を参考に、質問内容の確認や現状認
識、これまでの取組みなどを丁寧に伝え、その後、結論を示した方
がいいと思います。

　もちろん、一問一答式でスピーディなやり取りが求められている
ときなどは、臨機応変な対応が必要です。

　当然のことながら、答弁とプレゼンは別物です。

　それをわかったうえで、プレゼンのコツから取り入れられるとこ
ろは取り入れていきましょう。

第1章

第2章

第3章

第4章

第5章

第6章

資料

第4章

パターン別
答弁書の書き方

　一口に「議会答弁」といっても、実際には様々な場面が想定されます。

　基本的な向かい方には共通したものがありますが、場面ごとに気を付けなければならない内容が異なってきますから、そこを押さえておく必要があります。

　そこで、状況に応じた対応について考えてみたいと思います。

Ⅰ パターン1　質疑か、質問か

（1）議案質疑への答弁

☑ ポイント

☆聞かれたことに簡潔に答えること

☆結論を優先して、端的に示すこと

☆反対の議員が多いなど難しい議案の場合は、より丁寧に、万全の準備を
　すること

　この本は、一般質問への対応を念頭に置いて書いています。しかし
当然のことですが、議案質疑への対応も同様に重要です。議案質疑へ
の答弁いかんによって、条例の解釈が変わったり、場合によって議案
への賛成反対も左右されてしまう可能性がありますから、正しく伝わ
る答弁をしなければなりません。

　議案質疑の特徴は、**質問者の聞きたい内容がはっきりしている**とい
う点だと思います。一般質問の場合、意図をはかりかねる場合が少な
くありませんが、議案質疑の場合、それはあまりないはずです。

　例えば、

　「男女共同参画推進条例案第3条でいう『社会の支援』とは、具体
　　的にどのようなことを想定しているのか」

　「公衆浴場利用補助金は、利用回数に制限があるのか」

といった具合です。

　議案質疑に対する答弁は、聞かれたことに簡潔に答えることに特に
留意します。詳細な質問が繰り返し行われることも想定されますので、
あまり長く答えると質問者の意図ともずれてくる可能性があります。

そこで、一問一問あまり細かく答え過ぎないように気を付けて、結論を優先して短く示します。

　例えば、上記の質問であれば、

「第3条に掲げております『社会の支援』は、市が行うべき保育所や学童保育の充実のほか、労働時間の短縮、育児・介護休業を取得しやすくするための環境整備などを想定しております」

といった答弁になると思います。

　一般質問への答弁であれば、

「男女共同参画の推進においては、『社会の支援』が非常に大切であるとされています。なぜなら……」

と前段を入れるところかもしれませんが、議案質疑では基本的にそこまでは述べないと思います。提案の趣旨説明は、別の場面でなされているはずだからです。

　2項目目の補助金の活用回数については、

「お一人様、1回のみとなっています」

といったさらに簡潔な答弁でいいと思います。

　簡潔に答えるのが基本ですが、税や使用料の値上げなど、難しい議案の場合は別です。住民の負担が増える案件については、反対の議員も多いと思いますし、事情をくんで賛成される議員も、できれば避けたいと考えているかもしれません。

　こうした議案については、当然厳しい質問がなされますので、万全の準備をしておく必要があります。答弁も、より丁寧に行うべきだと思います。

　例えば、

「下水道料金の値上げの前に、やるべきことはまだまだあるのではないか」

といった質問に対しては、

　「原則といたしまして、汚水を処理する費用は、下水道を利用される方々からの使用料で賄うこととされているところでございますが、現状では多額の収入不足となっており、一般会計からの補てんに頼ってまいりました。

　　この間、下水道に携わる人員の削減や給与の引き下げなど、いろいろな方策で経費の削減を図ってまいりました。しかしながら、使用世帯の減少が止まらないなか、状況はますます厳しくなっております。

　　一般会計も非常に厳しい環境にあり、さらに補てんを増やすことは、福祉や教育といった他の行政サービスに著しい影響を及ぼす恐れがあります。

　　市民の皆様の日々の生活や、事業者の経営に多大なご負担をおかけすることとなり、本当に心苦しく思っておりますが、引き続き最大限の努力をしてまいりますので、ご理解いただければと考えております」

のような答弁になるでしょう。もっと丁寧でもいいかもしれません。

　さて、議案質疑は、本会議及び委員会の両方で行われると思います。本会議では全体的な質疑が、委員会ではさらに詳細な質疑がなされるといったすみわけになるでしょう。

　このうち、本会議での議案質疑については、あらかじめどのようなことを聞かれるのか、ある程度、事前ヒアリング等で承知していることが多いと思います。突然本会議場で細かい数字を聞かれても対応できないからです。

　質問事項をおおむね把握している場合の答弁書の例は、次のようになるでしょう。

例 **議案質疑**

議案第○○号　◇◇条例制定について

| 質問者 | ××　×× （会派：＊＊＊＊＊＊＊）

| 質問① |

条例第5条中の「公共的団体」に、自治会や町内会も含まれるのか？

| 回答 |

自治会や町内会も含んでいます。

| 質問② |

第7条の「事業者の責務」は、努力規定にとどまっている。この条例の実効性を高めるためには一定の強制力を持たせるべきではないか？

| 回答 |

本条例は、市民及び事業者が、○○の趣旨を理解し、その実現のために自主的に取り組んでいくことを目指しているものです。市として趣旨の周知に努めてまいりますが、罰則規定などの強制力を持たせることは、条例の趣旨にそぐわないものであり、当面は考えておりません。

※参考　◇◇市の類似条例には、趣旨に反する行動をし、勧告に従わなかった事業者については、ホームページで名称を公表する規定あり。

（2）代表質問及び一般質問への答弁

☑ **ポイント**

☆代表質問への対応の基本的な部分は、一般質問への対応と同じ
☆代表質問は、政治的な色彩が強くなる傾向に注意

　質問には、「代表質問」と「一般質問」の区分があります。

　代表質問とは、会派を代表する議員が、施政方針や予算編成方針などに対して行う質問のことです。会派に何人以上所属していないと代表質問ができないなど、自治体ごとにいろいろな取り決めがあるようです。また、代表質問は、第1回定例会のみとしていたり、そもそも代表質問の制度がなかったりと、運用はまちまちです。

　一方の一般質問は、議員個人が、行政全般にわたって執行機関に対して行うもので、こちらは各定例会で行われるのが普通です。

代表質問と一般質問の違い（自治体の規模等によって異なる）

項　　目	代表質問	一般質問
実施	第1回定例会が中心	各定例会で実施
質問内容	主に方針や考え方	主に個別の事業
質問者	会派の代表者	議員個人
答弁者	首長が中心	部長級が中心

　この本は、一般質問への対応を主眼にしていますが、代表質問への対応も、基本的な部分は共通していると思います。答弁書作成の進め方などもそれほど違いはないでしょう。

　ただし、代表質問は会派を代表してのものであるだけに、政治的な色彩が強い内容になりがちな点には注意が必要です。また、首長が答弁するケースが多いと思いますので、その点を考慮して準備をしなけ

ればなりません。

COLUMN　連載小説型一般質問

　一貫したテーマについて質問をされる議員がおられます。4年間の任期中、一つのテーマを徹底的に掘り下げて質問をされます。

　こうした議員は、一度の定例会で満額の回答をもらえることを期待されていません。少しずつ自分の考え方を伝え、行政の方向性を徐々に変えていくことを目指されます。

　いわば、だんだん深くなり、先にストーリーがつながっていく「連載小説型」です。

　答弁書を作る側も、それを理解したうえで、腰を据えて臨む必要があります。今回の議会だけを乗り切ればいいというわけではなく、次の議会にもこれまでの内容を踏まえた質問があるのですから、そこを意識しながら作っていかなければなりません。

　一度の答弁で何もかも言い切ってしまうと、次回以降に答えることがなくなってしまいかねません。答弁の出し惜しみをするのではなく、質問とうまくかみ合わせて、先に進めていく感覚です。

　議員本人が、自分の質問を連載小説型であるとは言わないと思いますが、議会をこなしていくうちに様子が見えてくると思います。長くお付き合いすることを前提とした答弁を作ることが求められます。

Ⅱ パターン2　本会議か、委員会か

　答弁は、いつも真剣勝負です。

　ですから、どの場面でも気を抜くことは決してできません。しかし、場面ごとに答える内容を変えることはあり得ます。

　本会議と委員会は、議会における位置付けも違いますし、答弁者も違うでしょう。それに合わせて、答弁の対応も変えていく必要があります。

（1）本会議での答弁

☑ ポイント

☆初めての方にも、一度聞いただけでわかる答弁にすること
☆答弁者によって、書き方を注意すること（→93〜101頁）

　一般に、議会といえば本会議でのやり取りを指すと思います。

　自治体では、テレビやネットで中継しているのは本会議だけというところも多いでしょうし、傍聴の方もほとんどこちらに来られているでしょう。

　それだけに答弁においては、よりわかりやすさが求められます。初めてその件について聞いた人にも、概略は一度でわかってもらえるような内容にする必要があります。

　また、「あり方」や「方針」といった幅広な質問がなされることが多いですから、その内容に応じて、大きな考え方を示していくことになります。

　この本が主に取り扱っている一般質問が行われるのも、もちろん本

会議です。

（2）委員会での答弁

☑ ポイント

☆想定問答集を作成すること
☆想定問答集は、まずは思い切り手を広げてみること
☆目次、ジャンル分け、インデックスをつける等、きちんと整理をすること
☆できるかぎり早く作って答弁者に渡すこと

　議会で取り扱う案件は、非常に多岐にわたっています。

　そして、議案を審議する際には、詳細な内容について確認し、精査する必要があります。そこで、各議会には委員会が設置され、効率的・専門的に審議されることになります。

　委員会の区分は各自治体でまちまちですが、おおむね行政の組織ごとに設置されていることが多いと思います。

　政令市であり人口300万人を超える横浜市では、以下のような委員会が設置されています。

　・政策・総務・財政委員会

　・国際・経済・港湾委員会

　・市民・文化観光・消防委員会

　・こども青少年・教育委員会

　・健康福祉・医療委員会

　・温暖化対策・環境創造・資源循環委員会

　・建築・都市整備・道路委員会

　・水道・交通委員会　　など

　人口約34万人の所沢市では、

　・総務経済常任委員会

　　　・健康福祉常任委員会
　　　・市民文教常任委員会
　　　・建設環境常任委員会　　など
　　人口約2万人の軽井沢町では、
　　　・総務常任委員会
　　　・社会常任委員会　　など
が設置されています。

　一方、議員数の少ない村では、委員会は設置されていないところも多いでしょう。

　委員会は、本会議場ではなく、委員会室で開かれることになると思います。全議員と理事者の席があり、さらに傍聴席も用意されている本会議場と比べるとぐっと規模が小さくなり、普通の会議室と変わらない空間のなか、議員と執行部の距離も近く、しっかり顔の見える距離での議事となります。

　また、本会議では、あらかじめ質問者が決まっていることが多いでしょうが、委員会では手を挙げて自由に質問がなされることになると思います。

　そのため、誰がどんな質問をしてくるか、事前には予想がつきません。ですから、当然事前準備にも限界があります。

　一般質問の場合、どう聞かれてどう答えるかというシミュレーションがある程度できますが、委員会の場合、流れの中でやり取りするしかないということになります。

　その代わりと言ってはなんですが、質問を受けてから答弁するまでに少し猶予がもらえるのが普通だと思います。すぐに答えられない場合、

　「少々お待ちください」

と、がさごそ資料を探す時間が与えられたり、資料を取りに行ったり

することも可能ではないかと思います。本会議では、「詳細は委員会で」と振ることができますが、委員会では次の場がありませんから、時間をかけてとことんやる形になります。

また、答弁者も違います。自治体の規模や考え方などによっても異なりますが、本会議の答弁を首長や副知事等、部長などが行うのに対し、委員会では主に課長級が行うことになると思います。

課長級となると、答弁書案を作成する職員との関係も近く、場合によっては自分で作る場合も多いでしょう。

こうしたことから、準備する答弁書も、本会議と委員会では、まったく異なるものになります。

本会議と委員会の違い（自治体の規模等によって異なる）

項　目	本会議	委員会
会場	本会議場（広い）	委員会室（小さい）
審議内容	全般的	個別、詳細
一般質問	あり	なし
質問者	一般に事前通告あり	その場で手挙げ
質問内容	一般に事前通告あり	事前通告なし
答弁者	首長、副知事等、部長	主に課長級
答弁までの猶予	ほとんどない	ややある

委員会での答弁書は、想定問答集の形になると思います。委員会の審議にかけられるということはなんらか議案を提案しているということですから、その議案を審議してもらう際に聞かれるであろう項目を、思いつく限り挙げていきます。そして、それへの答弁を簡潔にまとめます。

想定問答集を作る際には、まずは思い切り手を広げて、あり得そうな質問はすべて拾っておいた方がいいと思います。実際に質問される

のはこのうちのごく一部になると思いますが、ありとあらゆるケース
を想定しているうちに、改めて提案している議案の肝のようなものが
見えてくることがあります。

　ただし、手を広げた想定問答集は、きちんと整理して答弁者に届け
る必要があります。**目次をつけたり、ジャンルに分けたり、インデッ
クスをつけたりと、その場で対応できるようにしておかなければ、実
戦では使えません。**

　また、想定問答集は、できる限り早く作って答弁者に手渡さなけれ
ばなりません。

　議案の当事者は、いろいろなことに気付くものであり、あれも入れ
なきゃ、こうした観点も盛り込まなきゃとなりがちです。しかし、ど
んなに精緻でよくできた想定問答集も、使われなければ意味がありま
せん。量が多ければ多いほど、早く答弁者に渡さなければ、読み込ん
でもらうこともできません。

　完璧なものを作りたい、という気持ちはわかりますが、なるべく早
く手放しましょう。そして、答弁者に見てもらい、チェックしてもら
いましょう。

　完璧なものを直前に渡されるより、まあまあのものを余裕をもった
日程でもらった方が、答弁者としては助かるはずです。

例　想定問答集

議案第○号　一般会計補正予算（第２号）

歳出予算説明書　P○○
　××児童センター費　8節　講師謝礼　450千円
　財源：◇◇事業県補助金　150千円（補助率1／3）

質問①
　本事業を実施する目的は何か？

回答
　本事業は、小学生への読書の普及を図るため、講師を招き、児童センターでの講演会を開催するものである。本への関心を持たせることを目的とし、県の補助を得て実施する。

質問②
　県内では、他に実施する自治体はあるのか？

回答
　△△市及び□□町が実施すると聞いている。

質問③
　県の補助が打ち切りになった場合、どう対応するのか？

回答
　県の補助は３年間継続されることとなっている。その先は、事業の効果を見定めて判断する。

COLUMN　不意打ちへの備え

　代表質問や一般質問では、「こういうことを聞きます」といった事前通告がなされているはずです。そして、その通告に基づいてヒアリングを行い、詳細を詰めていきます。

　議場は真剣勝負の場ですから、細かいやりとりまですり合わせることはないでしょうが、こうしたヒアリングによって、一応の枠組みは定まるでしょう。また、こんな風に聞くから、といった感触はつかめるはずです。

　ですから、通常は淡々と進むはずです。執行部の政策に反対の立場の議員からは厳しい意見も出るでしょうが、それでもその場で答えられる内容については用意されていることがほとんどだと思います。

　ただし、時に不意打ちもあり得ます。

　議員とすれば、質問内容を一言一句伝えなければならない筋合いはなく、どんな質問をしようが自由のはずだ、となるでしょうが、答える側としてみては、ありとあらゆる質問への備えは現実的に不可能で、事前に伝えられていない質問には答えられないのが実際のところです。

　プロならば、担当の分野くらいしっかり答えろ、と言われるとキツイところですが、考え方や今後の方向性などについてならともかく、細かい数字などを突然聞かれても、なかなか対応はできません。

　また、ヒアリングでは伝えてもらえなかった「隠し玉」的な内容が飛び出すこともまれにあります。

　関係者からこんなことを聞いた、県の担当者に確認したところ市の説明と反対のことを言っていた、現場に行ってみたら説明とかみ合わない実態があった、といったことがいきなり披露される場合です。

　質問者としてみれば、こうしたことを事前に伝えてしまうと、しっかり備えられてしまうので、突然持ち出してこられたのでしょうが、答弁側としては、裏が取れない内容については、答えようがあ

りません。

　こうした不意打ちに対しては、備えようがないというのが本当のところで、備えられないからこそ不意打ちなのですが、大切なのは、
　「とにかく何か言う」
ということだと思います。何も言えないとなると、何かやましいことをしているのではないか、という疑念を持たれかねません。

　また、黙って立ち往生してしまうと、議会が止まってしまいます。議会が止まると、議事日程にまで影響が及ぶなど、行政活動そのものへのダメージも与えます。

　答弁者に「とにかく何か」言ってもらうためには、それなりの準備をしておかなればなりません。ヒアリングでのやり取りで、何か含みがありそうだったら、それを自分の腹に収めないでしっかり伝えましょう。危機感の共有が、必要な準備につながると期待できます。

　また、何か言ってもらうための準備資料も入れておきたいところです。細かい数字の羅列ではなく、とっさの場合にも使えるような資料が求められます。

　議会では、どんなことも起こり得ます。答弁者が、何かを返せるような準備をしておきましょう。

Ⅲ　パターン3　答弁者は誰か

　答弁書案を作成する人は同じでも、質問される場所や内容によって、実際に答弁する人は変わってきます。

　答弁書作成の基本的なところは、誰が答弁者でも変わりませんが、注意しておくべき点もあります。

（1）首長答弁

☑ ポイント

☆大きな答弁を心掛けること
☆次のものを参考にすること
　公約集、選挙時に配布されたチラシ、施政方針、所信表明演説、挨拶文、訓示、ブログ、ツイッター
☆現場の声や思いを盛り込んでみること

　知事や市区町村長のことを首長と言います。首長答弁は、行政のトップの答弁ということになりますから、最も重いものになります。

　首長が答えるのは、議案質疑であれば提出した**議案の根本的な考え方**、一般質問であれば**行政としての方向性**など、**いわゆる大きな内容**になると思います。条例案の細かい運用方法や、事業に関する詳細な数字などは、担当部長等が答えることが多いでしょう。

　答弁書案を作る際にも、首長の答弁であることをしっかり頭に置いておく必要があります。細かい数字の提示は首長の答弁にはあまりふさわしくありません。また、過去を振り返っての言い訳がましい表現より、今後を展望した前を向いた答えをした方がいいと思います。

　また、政治姿勢や政治思想に関する質問については、首長がどう答えるか事務方の職員ではうかがい知ることができない部分もあり、最終的に大きく修正されることもあり得ます。

　できる限り首長の意向に沿った答弁書案を作るためには、首長がどのように考えているか、どんなまちづくりをしたいと願っているかなど、日ごろから注意しておくことが必要です。

　そのためには、次のような資料を手元に置いておくといいでしょう。

▶ 公約集や選挙時に配布されたチラシ

　選挙の際に有権者に訴えた文書には、首長がやりたいと思っていること、やりますと約束したことがわかりやすく書かれているはずです。政治思想のようなものも伝わる内容になっていると思いますので、大いに参考になります。

▶ 議会でなされた施政方針や所信表明演説

　選挙の際に示された公約が「思い」の部分を象徴している一方、施政方針や所信表明演説は、現実の政策をわかりやすく示すものとなっているはずです。実際の政策をどのように進めていくか、まとまって述べられていますので、答弁書に活かすべき部分も少なくないと思います。

▶ 挨拶文や訓示

　新年会などで行った挨拶や、新年度開始にあたって職員に伝えた訓示にも、首長の思いが色濃く出ているでしょう。特に、直近の挨拶文などに書かれていることには、今まさに進めようとしている内容が含まれている可能性がありますので、しっかり押さえておきましょう。

▶ ブログやツイッター

　非公式なものを含め、ブログやツイッターなどで、首長が日々感じたことなどを発信している場合があります。首長の生の考えに触れることができますので、こちらも折に触れて読んでおきたいところです。

　ただし、首長の意向を最大限に尊重するとして、それだけでは十分ではない気がします。やはり事務方として、首長に答弁してもらいたいと思っていることも盛り込みたいところです。現場にいる人間にしかわからない実情や、事業を進めていくうえでの苦労を含め、事務方の思いの部分も書き加えたいものです。

　もちろん、それが首長に取り上げられるかどうかはわかりませんが、案に盛り込まなければ最初から検討対象にもなりません。現場の声を伝える意味でも、この機会に伝えたいことがあれば盛り込むのもありだと思います。

（2）副知事・副市区町村長答弁

☑ ポイント

☆「なぜ副知事（副市区町村長）が答弁するのか」を念頭に書くこと
　・担当部署が複数にまたがる場合
　・事務方のトップとしての考え方を聞きたい場合
　・事情があって議員が首長に答えてほしくないと考えている場合　など
☆副知事（副市区町村長）の立場を活かした答弁書案を作ること

　自治体にもよりますが、副知事や副市区町村長が答弁する回数は、首長や部長と比べてそれほど多くないと思います。

　政治姿勢はもちろん首長に聞くしかないでしょうし、目玉政策の考え方、自治体の将来像など、大きな方向性についても首長が答えるこ

とになるでしょう。一方、個々の事務事業の成果や現場での工夫などについては、担当部長が答えることになるでしょう。

　副知事等が答えるのは、次のような場合が多いのではないかと思います。

　　・担当部署が複数にまたがる場合
　　・事務方のトップとしての考え方を聞きたい場合
　　・事情があって、議員が首長に答えてほしくないと考えている場合

　担当が複数にまたがる場合、縦割り意識の中では、「自分の部署のやる範囲はここまで」と線を引いてしまう部長もいるかもしれません。そこで、縦割りを超えた内容の答弁をすべく、副知事等が登壇することになります。部長に聞いてもらちが明かないと議員が判断した場合にも、副知事等にお鉢が回ってきそうです。

　副知事等は、事務方のトップという位置付けになりますから、その立場での答弁をする場合もあります。不祥事やミスが発覚し、それについての弁明をしなければならないときも、副知事等が対応するケースが多いのではないでしょうか。

　事情があって首長に答えてほしくない場合とは、例えば、首長に答弁されるとどうしても政策論争になり長くなってしまうので、今回の質問には簡潔に答えてほしいと考えているときや、首長が答えると端的に「できない」という答えが返ってきそうなときなどです。

　こうしてみると、副知事等が答弁するのは、難しいケースである場合が多いようです。そのため、答弁書案も、そうした事情に配慮しながら作成する必要があります。つまり、考えるべきは、なぜ副知事等が答弁するのか、ということであり、それに合わせて書いていくべきということになります。

　所属間の調整がうまくいっていない案件については、副知事等が一定の方向性を示す必要があります。不祥事やミスについての弁明をし

なければならない場合は、しっかりと事実関係を整理したのち、非があるとすればしっかりと頭を下げることが求められます。

　首長に代わって答弁する場合は、首長の考えを代弁しつつ、副知事等への答弁を求めてきた議員の思いにも配慮した形で答える必要があります。

　副知事等は、政治家でもない、事務職員でもない、微妙な立ち位置ですが、その立場を活かした答弁案を作りましょう。

（3）部長答弁

☑ ポイント

☆ヒアリングの感触をしっかり伝えること
☆「……のはず」で進めないこと
☆政治信条等は入れないこと
☆事業への思いを盛り込むこと

　自治体の規模にもよりますが、議会の本会議で答弁する機会が最も多いのは部長職であろうと思われます。一般質問のほか、議案質疑も部長が担当します。

　一般質問においては、**個々の政策に関する課題や問題点、他の自治体との比較、実績を表す数字など、多岐にわたる質問に対応**します。政策に込めた狙いや思いは加えますが、当然のことながら、政治信条的な内容は入れません。そこは首長の役割ということになります。

　議案質疑においては、条例制定であれば、個々の条文の細かい解釈について、予算であれば、金額の積算や実績の推移などを答えます。さらに細かい内容については、委員会において、課長が答えるというのが一般的であろうと思います。

　自治体の部長職にとって、議会対応のウェートは非常に大きいもの

があります。議案質疑や一般質問にどう対応し、自治体の政策について理解してもらうか、かなりの力を注ぐことになります。

　事務方は、精一杯部長職を支えなければなりません。

　あえて言えば、議場は議員のホームグラウンドのようなものです。部長はアウェイの状況で、対処しなければならないのです。議場に入れないとしても、事務方は部長の立場を慮って準備をしましょう。

　注意すべきは、以下のような項目になります。

▶ ヒアリングの感触をしっかり伝える

　質問項目や質問内容だけでは、その奥にあるものは見えてきません。議員が真に何を聞きたがっているのか、今回の質問の中のメインは何なのかなど、直接話した人間以外にはわからないことがたくさんあります。

　答弁作成者は、ヒアリングでの感触をきちんと伝えるようにします。「事実の確認だけで再質問の予定はない」といったことや、「これについて突っ込んで何回か聞いてみたいと考えているようだ」といったことを、しっかり共有します。それによって答弁書の中身が変わってきますし、答弁の時間も影響を受けます。

▶「……のはず」で進めない

　担当職員は、最も多くの情報を持っています。気を付けたいのは、

　「自分が知っているから部長も知っているはず」

　「この内容については以前にも伝えたはず」

　「このことについて触れるとややこしいことになることは知っているはず」

といった「はず」で進めてしまうことです。

　部長の責任領域は非常に広く、個々の事業の細かい数字までをすべ

て覚えるのは、事実上不可能です。質問に関する項目で、担当者としては知っていて当然の情報でも、部長は記憶していないということもあり得ます。「知っているはず」「以前にも伝えたはず」で済ませずに、改めてしっかり伝えましょう。

▶ 政治的でなく、それでいて事業への思いは盛り込む

　部長には、政策的な質問も数多く出されると思います。

「今後の都市計画行政についてどう考えるか」

「深刻さを増している空き家対策について、どのように進めていくのか」

「自治体独自の温暖化対策を実施すべきではないか」

などです。

　政策の最終責任者は言うまでもなく首長ですし、政治的な内容は首長でなければ答えられません。しかし、個々の事業の考え方や今後の方針については、担任部長が答えることになることが多いと思います。

　部長は政治家ではありませんので、あまりメッセージ性が強い答弁はふさわしくないと思います。基本は、事実を踏まえて、計画に沿った内容を答弁していくことになるでしょう。

　ただ、粛々と答えるだけでは事業を実施していくうえでの熱が伝わりません。それはもったいない気がします。答弁書案を作成する段階では、その事業にかける事務方の気持ちや思いも盛り込んでいいと思います。

COLUMN　新任部長のお手並み拝見質問

　新しい部長が誕生すると、その初めての議会で質問が多くなされることがあります。

　「新任部長のお手並み拝見」といったところでしょうか。

　議員とすると、一般質問は大きな見せ場であり、重要な時間でもありますので、わかりやすい答弁やいわゆる「いい答弁」をしてもらいたいところでしょう。そこで、新しい部長はどのような答弁ができるのか、するつもりなのか、ということをあらかじめ探ろうとされる傾向があるように思います。

　事務方とすると、新しい部長だから古い部長だからと区別して答弁書案を作ることはないでしょうが、ちょっとした気配りは必要でしょう。

　特に、部長になる前に当該部の仕事の経験がないという部長の場合には、最初のうちはあまりややこしい答弁は書かないようにした方がいいと思います。細かい数字も避けたいところです。

　また、謙虚さが伝わるような答弁案にも配慮したいところです。

　新任部長は、当然張り切っていますし、ある種の気負いもあると思います。しかし、議場の主役は議員ですから、あまり頑張り過ぎるのは逆効果だと思います。

　そこで、答弁案はいつも以上に落ち着いた内容にするように配慮しましょう。

　初めての議会をしっかりした答弁で乗り切れば、次回以降はほかの部長と同じような質問になります。

（4）課長答弁

☑ ポイント

☆委員会での答弁の場合、想定問答集を作ること（→86頁）
☆早めに作成して、課長に委ねること

　自治体の規模によっても異なりますが、課長が答弁するのは、主に**委員会の場**であろうと思います。委員会では、議案質疑に対応することになります。

　委員会の質疑では、**議案の詳細な点について聞かれる**でしょうし、**事前に質問要旨が配られることもないでしょう**。そのため、担当者が課長用に、読み原稿的な答弁書案を作成することはないと思います。

　課長用に必要になるのは、**想定問答集**でしょう。想定問答集の作り方については、委員会での答弁の項（→86頁）で書きましたので、参考にしてください。

　首長や部長と比べ、課長はより現場に近い存在ですので、かなり詳しいところまで知っているはずです。また、想定問答集を作る際にも、一緒に携わっているでしょう。

　想定問答集は、漏れの無いように、手を広げて書いていきますが、見やすさ・使いやすさへの配慮が大切です。議会の日程は事前にわかっているわけですから、できる限り早めに作成して、課長に委ねた方がいいと思います。

COLUMN

答弁書作成PDCA

　三重県が北川正恭知事時代に事務事業評価制度を取り入れてから、かれこれ20年ほど経ちます。行政に経営的観点を入れるという発想も、かなり定着したように思います。

　そうした動きのなかで、「PDCAサイクルを回す」ということの重要性が強調されてきました。プランを立て（Plan）、しっかり実行し（Do）、結果をしっかり検証（Check）したうえで、次の改善（Action）につなげるという流れです。

　行政は、計画を作り、予算をつけて実行するまではなんとかやるけれど、そのあとの検証と、反省を踏まえた次回への反映が甘く、そこをしっかりやるべきだ、というのです。

　答弁書作成も、同じはずです。

　答弁書作成は、質問を受けてから始まる、ある意味受け身の仕事ですから、あらかじめ計画を立てて答弁書を作成することが難しいとは思います。しかし、質問をいただいたら、どんな段取りで進めて、どんな内容で書いていこうと頭を巡らせると思います。この辺りの過程がPlanで、実際書き進めていく作業がDoになるでしょう。この流れは自然にされていると思います。

　しかし、答弁内容を検証し、次に活かしていくということは十分になされていないのではないでしょうか。

　事務事業評価では、Checkのために、数値で測れる成果指標を設定することが求められます。答弁書の成果を数値で測ることは難しいでしょうし、質問した議員に、

「今回の答弁はいかがでしたか

　　大変満足　満足　不満　大いに不満　どちらでもない」

といったアンケートを取ることもそぐわないと思います。

　それでも、答弁書について検証することはできるはずです。

　自分が書いた素案が、部長・課長にどのように訂正されたのか。

　実際の議場において、議員の質問とうまくかみ合ったのか。

　ヒアリングの際に聞いていた内容と、実際の質問は合っていたか。

　議場での様子から、質問者の意図は果たせたかどうか……などなど。

　定性的、主観的検証になるかもしれませんが、次につなげるために、答弁を振り返ることは意味があります。

　仕組み化されていないだけに、議会が終われば済んだこととして流れてしまいがちでしょうが、PDCAサイクルを回し、少しでもよい答弁書になるように努めていきましょう。

Ⅳ パターン4 何を聞かれているのか

　答弁書には、ありとあらゆるケースがあります。それをすべて想定するのは無理でしょう。

　ただ、いくつかのパターンに区分して、答え方の形を覚えておくことはできると思います。

（1）数字や実績の確認

☑ ポイント

☆質問者の意図に合わせて作ること
- ・ざっくりとした傾向を把握したいのか
- ・細かい推移や数字を確認したいのか

　質問でよくあるのが、数字の確認です。事実を答えるわけですから、考え方などを示す必要は基本的にはありませんが、質問の意図については十分把握しておく必要があります。

　数字の確認をする質問については、わざわざ答弁を求めなくても電話一本すれば知ることができるとか、議員が調べれば済むなどといった意見を聞くことがあります。確かにそうなのですが、**議員が質問として取り上げた意味をよく考える**必要があります。

　数字を質問する意図としては、

- ・傍聴者や他の議員、執行部に改めて数字を確認してもらう
- ・執行部側に数字を答えてもらうことで、**自分ごととさせる**
- ・次の質問につなげるために、執行部側に答えてもらう

などのことが考えられます。そのため、答弁も質問者の意図に合わせ

て作る必要があります。

　質問者の意図として、ざっくりとした傾向を把握したいのか、細かい推移を確認したいのか、といったことをヒアリングでしっかり調整し、聞きたいと思っている内容に対応した数値を答えます。

　議場であまり細かい数字を言っても、聞いている方はピンと来ないでしょうから、通常はおおよその数字で答えた方がいいと思います。例えば、「35万4,122人です」と答えるより、「約35万4千人です」と答えた方が聞き取りやすいでしょう。ただし、議員が下一桁まで確認したいと思っている場合もありますので、こちらも意図を確認しておく必要があります。

もうひと押し　数字は伝え方次第

　数字はある種、冷酷なものです。10は10でしかなく、その数字の裏にある汗や苦労とは無関係に存在します。

　「待機児童をゼロにするとの公約はどうなったのか」

と聞かれ、ゼロになっていなかった場合、約束は果たせなかったということになっていまいます。そこに至るまでに、どんなに努力をしていたとしても。

　しかし、お化粧を施すことで、伝わり方が変わるのも数字の特徴です。

　例えばこの待機児童数についても、

　「待機児童数は5人となり、前年度の3分の1に大きく減少しました。
　　これは、過去5年間で最低の数字です。なお、近隣の○○市は50％増、
　　××市も40％増と、いずれも数を増やしていますので、当市の取り組
　　みが功を奏したものと考えています」

などと答えれば、「待機児童数は5人生じてしまい、目標は達成できませんでした」との答えと比べると、大きくイメージが変わります。

　よく使われる例え話ですが、コップに半分水が入っているときに、「もう半分しかない」と感じるか「まだ半分ある」と感じるかはそれぞれです。コップに容量の2分の1の水が入っているという事実は同じでも、とらえ

方はそれぞれなのですから、伝え方もそれぞれであっていいはずです。

　数字でなんとかごまかすことを勧めているわけではありません。数字は伝え方次第でとらえ方が大きく変わる、ということを踏まえたうえで、意図が伝わるような数字の使い方を考えるべき、ということです。

　質問された数字をただ答えるだけにした結果、誤解を招いたり、事業の真の実績が伝わらなかったりしたらもったいないことになります。

（2）議員からの要望、要請、提案

☑ ポイント

☆質問者に配慮しつつ、あいまいな答えをしないこと
☆執行部側の考えをきちんと提示すること

　一般質問に多いのが、議員からの要望、要請、提案といったものです。

　具体的には、

「○○交差点は、交通量が多いにもかかわらず信号が設置されていない。大きな事故があってからでは遅いので、早急に設置を求めたい」

「市内で唯一、××地区には防災倉庫が設置されていない。地域ごとにばらつきがあるべきではなく、次年度予算でしっかり措置してもらいたい」

「商店街の会員から、当市の補助金は補助率が低いうえに、制約が多過ぎて活用しづらいとの声をいただいている。商店街振興のために、補助率の拡大と手続きの簡素化を進めるべきではないか」

などといった内容になります。

　質問内容に対して共通の問題意識を持っていて、要望された内容についても何らかの手を打つ方針で進んでいる場合は、書きやすいでしょう。

　例えば、

「△△地区には、かつては複数の商店が軒を並べていて、通行する
　人を見守る機能も果たしていたが、今はすべて閉店してしまって
　おり、冬などは夕方以降薄暗い通りになってしまっている。駅へ
　向かう人が通る道でもあり、街路灯を早急に整備すべきと考える
　が、見解をうかがう」

といった質問があり、次年度予算で設置すべく調整を進めているとし
ます。その場合、

「△△地区について、駅への通り道にもかかわらず、かなり暗い通
　りになっていることは認識しています。安全上、問題があると考
　えており、街路灯の設置について検討してまいりました。ここで
　調整が整いましたので、来年度の予算化に向けて、設置個所や街
　路灯の規格など、細部の詰めを行っているところです」

といった感じで、気持ちよく書いていくことができます。

　質問者も、「それを聞いて安心しました。早急な設置に向けて準備
を進められるとともに、確実に予算化されるよう要望いたしまして、
次の質問に移ります」といった感じで、すんなり流れていくと思いま
す。

　難しいのは、要望・提案の内容に応えられない場合や、対応する必
要性が認められない場合です。

　議員も、行政の仕組を理解されていますので、一度要望しただけ
ですぐに肯定的な答えが返ってくるとは考えていないはずです。それ
でも、要望内容を否定するのは気持ちのいいものではありません。か
といって、実施する予定がないものについて、あまり含みを持たせる
べきでもありません。

　具体的には、同じ質問に対すると想定した場合、以下のような答弁になるのではないでしょうか。

▶ 趣旨は理解できるものの、すぐには対応できない場合

　次の要素を盛り込むといいと思います。

　　①質問の趣旨について理解していること

　　②現状

　　③今後の方針、思い

答弁に落とし込むと、次のようになるでしょう。

　△△地区について、街路灯が設置されていないことは承知しています。現在、街路灯については、全灯をLED化する方針で順次進めており、未整備地区についても併せて検討することとしております。△△地区につきましても、そのなかで優先順位を見定めてまいりたいと考えております。

▶ 質問の趣旨に行政として賛同できない場合

　次の要素を盛り込むといいと思います。

　　①質問の趣旨に対する行政としての考え

　　②賛同できない理由、実施できていない理由

　　③今後の方針、思い

答弁に落とし込むと、次のようになるでしょう。

　ご指摘のとおり△△地区については、街路灯が設置されておりませんが、近くにコンビニエンスストアがあり、車通りも少なくないことから、真っ暗になる状況ではありません。現在、街路灯については、通学路などを優先的に整備しているところであり、緊急性が高いと判断される地区から順に整備していきたいと考えております。

　要望、要請、提案型の質問は、一般質問の中心です。これにどう答えるかが、答弁書を作るうえで非常に大切です。

　あいまいな答えをしてしまうと、質問が終わりませんし、たとえその場は乗り切れても、事業で見せていく必要が出てきます。質問内容をしっかり受け止め、執行部側の考えをきちんと提示することが求められます。

（3）政策論争

☑ **ポイント**

☆広い視野で書くこと
☆できない理由探しとならないこと

　質問の形式が、一括質問のみから、一問一答式も認められるようになり、執行部側からの反問権も認められるようになってくるなど、議論をするための仕組みづくりが進んできました。これからは、一層政策論争的な質問が増えてくる可能性があります。

　例えば、
「市の人口は年々減少しており、このままではジリ貧である。市内に働き場所を作らないと、人口は流出していく一方であり、早急に手を打つ必要がある。

　　これまで、福祉や環境に重点的に予算を配分してきたが、これからはそれを転換し、産業振興施策に軸足を移すべきと考えるが、見解をうかがう」
といった質問です。

　要望、要請、提案に似ていますが、個別の案件についての議論ではなく、政策の枠組みについての質問です。

　こうした質問の場合、答えるのは部長級職員ではなく、首長がふさわしいと考えられますし、実際首長が対応していることと思います。答弁書案を作る側も、首長が答えることを念頭に置いて、広い視野で書き進めることが求められます（→93頁）。

　例に出した質問の場合、42〜43頁で示した型に当てはめて答えるとしたら、例えば次のようになるでしょう。

例 答弁

① 枕詞

　○○議員の人口をつなぎとめるための方策についてのご質問にお答えします。

② 質問内容の確認

　市内に働き場所を作らないと、人口は流出していく一方であり、これからは、産業振興施策に軸足を移すべきではないかとのお尋ねでございました。

③ 現状認識

　議員ご指摘のとおり、当市の人口は減少傾向にございます。昨年行いました当市から引っ越しされる方へのアンケートにおきましても、働き場所が近くにないことが住所移転の大きな理由となっていることが明らかになったところでございます。

　人口減少は、税収の減少に直結し、住民サービスの低下につながることはもちろん、地域の活力も失わせてしまいますので、非常に大きな課題であるととらえています。

④ 執行部の考え方とこれまでの対応、今後の方針

　そのため、当市といたしましても、企業誘致に向けた補助金を創設するなどの取り組みを進めてきたところです。

　近隣自治体も同様の補助金を開始するなど、自治体間の競争も激化している状況にあり、新たな産業振興策の必要性を強く認識しているところです。

---

⑤　**結び**

　福祉か産業政策かという二者択一ではなく、福祉などの住民サービスを充実させるために産業政策が必要であるとの考えのもと、さらに取り組みを強化してまいります。

　この答弁例は、質問内容を肯定的にとらえ、前向きな回答をしているケースです。否定的にとらえる場合、現状認識のところから変わってきます。

　また、この例では型にきっちりはめた場合を示していますが、実際にはもっと自由に書いてもいいものと思います。

　ただし、政策論争は、個々の事業ではなく、大きな考え方について答えるべきですので、細かい事情に触れてあれもできない、これもできないとしてしまうと、ピントがずれる恐れがあります。

ⓘ 反問権

　首長や執行部職員が、質問者（議員）に対して問い返すことができる権利のことです。近年、これを認める議会が増えてきています。認められていない自治体においては、執行部側は聞かれた質問に答えることしかできないということになります。

　答弁書案を作成する段階で、反問権を使うことを想定することはないでしょうが、より意義のある議論を行うために、反問権はあった方がいいと思います。しかし、あまり議場での議論に慣れていない状況で安易に使ってしまうと、議論というより言い合いになってしまう心配もなくはありません。

（4）政治的なスタンス

☑ **ポイント**

☆過去の答弁に当たること
☆首長の公約や挨拶文などを参考にすること
☆首長になりきること

　政策論争は、大きな考え方を聞くものではありますが、個々の自治体の現状に合わせたある程度具体的な内容です。

　それに対してここでいう「政治的なスタンス」とは、政治姿勢や信条に関するものであると理解してください。

　例えば、

- **・憲法に対する考え方**
- **・原子力発電の是非**
- **・TPPに賛成かどうか**

といった項目です。当然、首長に対しての質問となります。

　これらは、首長の内面や主義主張に属する事項ですから、事務方からはうかがいしれない部分も大きいと思います。首長が日頃から意見を発信していたり、選挙のときに述べていたりすれば、それを参考にすることはできますが、十分にはわからないでしょう。

　しかしながら、ヒアリングを行ったのは担当者ですし、誰かが素案を書かなければ始まりません。首長の奥底の部分まではわからないことを前提に、書ける範囲でしっかり書きましょう。おそらく首長が修正することになると思いますが、そうであっても素案はしっかり作る必要があります。

　こうした質問に対しては、

① **過去の答弁に当たる**

②　首長の公約や挨拶文などに当たる

といった基本に立ち返ります。そのうえで、

③　首長になりきる

ということが大切です。

（5）国の政策への考え方

☑ ポイント

☆「政治的スタンス」への質問と同様の準備をすること（→112頁）

☆一般論ではなく、自治体の事業に引き付けて書くこと

☆国の考え方が理解できない、時節に合っていないと感じる場合は、自治体の方針について述べるなど工夫すること

　自治体の議会は、基本的には自治体の政策について議論する場ですが、行政は国、県、市区町村が連携して進めていくものであるため、国の政策についての考え方を問われることがあります。

　例えば、

・働き方改革が進められるなかで、残業時間を見直す法律の整備が行われようとしているが、この件についてどう考えるか

・国会において、テロ等準備罪に係る審議が行われているが、この法案についてどう考えるか

・労働の担い手が減少していくなかで、外国人の受け入れを進めるべきとの意見があるが、これについてどう考えるか

といった内容です。

　これも、首長が答えるべき質問であり、議員と首長という政治家同士が議論すべき内容でしょう。

　事務方とすると、「どう考えるか」と聞かれても悩ましいところですが、悩んでいても始まりません。（4）の政治的なスタンスへの質

問と同様の準備を基本にして、素案の作成を進めていきます（→112頁）。

　この質問は、**政治信条よりは個別の事業に引き寄せることができますので、自治体の施策と合致している場合はその旨を答える**というやり方もあります。

　例えば、働き方改革であれば、

「当市でも時間外勤務の削減を目指しており、ノー残業デーの徹底のほか、事業の見直しにより、業務のスリム化を図っているところです」

といった具合に、自分たちがやっていることをPRしてもいいと思います。

　国の政策については、同じ行政の立場として、事務方が否定的なことを書くことは難しいと言わざるを得ません。しかし、実際には、国の考え方が理解できなかったり、時節に合っていないと感じられたりすることもあるでしょう。そうした場合は、国の政策についてではなく、**自治体の方針について述べる**などの工夫が必要になるかもしれません。

（6）その他（首長の身の振り方、大事件へのコメントなど）

☑ ポイント

☆普段から時事ネタを仕入れておくこと
☆次の選挙への出馬意向等についても、できる準備をすること
☆大事件へのコメントに関しても、事件の背景や一般的に言われていることについて下調べを進めておくこと

　一般質問の場では、どんな質問が飛び出すかわかりません。頭を柔らかくしておくとともに、新聞や雑誌、テレビやネットのニュースなどに接して、いろいろな情報を仕入れておくと、いざというときに役

に立ちます。

　もちろん、質問要旨をもらってから調べてもなんとか間に合うでしょうが、ヒアリングの段階で何もコメントできないようでは実のある事前調整にはなりません。議員から、「○○の件、県ではなにか対応しているのか」と聞かれて、そもそも○○の件について何も知らないのでは、議員も拍子抜けでしょう。

　さて、首長の選挙が近くなってくると、次回の選挙に出馬する意向があるかどうかとの質問が出されることがあります。これは、事務方で書ける内容ではありません。しかしながら、だからと言って何も準備せず首長にお任せというのも芸がありません。調べておくことはそれなりにあるはずです。

　例えば、統一地方選挙前であれば、他の首長の動向は確認しておきたいところです。答弁に盛り込むかどうかは別に考えるとして、「○○市と××市の市長は、すでに出馬表明されている」といった情報は、新聞の地方版などに掲載されるでしょうから、あらかじめ仕入れておきたいところです。

　また、過去の答弁も調べておきましょう。これまでの首長が同様の質問にどのように対応したかは、今回の答弁の参考になるだけではなく、事実関係としても押さえておくべきだと思います。

　ただし、答弁案としては、出るとも出ないともさすがに書けないと思います。首長の普段の話しぶりなどから空気はつかんでいるでしょうが、事務方がこうしますと書くのは行き過ぎでしょう。

　大事件へのコメントも、基本的には事務方というより首長が自らの言葉で答えるべきだと思います。大事件としては、大事故や凶悪犯罪などの暗い話題だけではなく、地元スポーツ選手の快挙や出身者の大きな賞の受賞などが考えられます。コメントは首長の言葉で語られる

べきですが、事件の背景や一般的に言われていることなどについての下調べは、きちんと進めておく必要があります。

　これらについての答弁例は、以下のようになると思います。

例 答弁

　質問例①　市長の立候補意向について

　市長の任期が残り1年を切った。再び立候補する気持ちがあるのかないのか、そろそろ態度を表明するべきではないか？

　回答①-1

　私が次期選挙に立候補するかどうかとのご質問をいただきました。

　この3年間、市政改革を目指して懸命に務めてまいりましたが、まだまだやらなければならないことは山積しているものと感じております。

　市民も、私が次の選挙に出るか出ないかということではなく、市政をよりよくしてほしいということに関心を持っておられるものと考えております。

　私といたしましては、残された任期を、これまで以上に懸命に務めてまいりたいと考えているところでありまして、現段階ではまだ次期選挙まで思いが及んでいないというのが本当のところです。

　回答①-2

　私が次期選挙に立候補するかどうかとのご質問をいただきました。

　3年前、多くの市民からのご期待をいただき、行政経験のまったくなかった私を市長にお選びいただきました。

　少しずつ成果も出てきているものと考えておりますが、まだ道半ばでございます。立候補するかどうかまだ表明する時期ではないと考えておりますが、今後も市民の期待に応えてまいりたいと考えているところです。

　※各地でのあいさつやマスコミのインタビューなどで、再選への意欲がかなりうかがえている場合でも、答弁書案としては「再度、立候補する」

との表現までは踏み込まないものだと思います。

　議会で言うか言わないかも含め、首長が判断するところですので、案としては当たり障りのない範囲で書くのが通常でしょう。

質問例②　地元の事件について

　地元出身の○○博士のノーベル賞受賞について、地元市長としての感想は？

回答

　○○博士のノーベル賞の受賞は、博士の故郷である当市にとっても大変名誉なことでございます。博士は、母校である××小学校で講演会を開催してくださるなど、地元との結びつきも深く、市民の喜びもひとしおであると考えています。

　市としてもお祝いの気持ちをお示しするために何かできないか、検討を始めているところでございます。

※喜び、お祝いの気持ちを素直に書けばいいと思います。できれば受賞者のエピソードなども盛り込めると、より華やかになります。

　質問の趣旨は、「何かするべきでは？」というところにあると思われますので、答えられる範囲で盛り込みます。

質問例③　時事問題について

　先に行われた衆議院議員選挙で与党が敗北したが、これについてどのように考えるか？

回答

　一般質問は市政への質問の場であり、国政選挙の結果について私がお話をすることはあまり適切ではないと思いますが、お尋ねでございますので、所感を述べさせていただきます。

　今回の選挙は、争点がはっきりしない選挙であったと思います。与野党の議論がかみ合わないなかで、漠然としたイメージが投票行動につながった面もあるように思います。

　選挙の総括は、各陣営がなされるところかと思いますが、選挙を通じて民意は示されました。与党、野党とも、その民意を反映していく

ための政策競争を展開されることを期待しています。

　市といたしましても、要望すべきところはきちんと要望してまいり
たいと考えております。

> ※答弁書案の段階では、国政選挙の結果に対して、あまり踏み込んだ内容
> にはしないのが通例だと思います。首長の所属している、または応援を
> 受けている政党が勝っても負けても、スタンスはあまり変えるべきでは
> ないでしょう。

COLUMN　議会は勝ち負けを決める場ではない

　日本人は、議論が苦手だと言われます。「和を以て貴しと為す」と
いう気持ちが強いために、いわゆる「ガチ」での議論は好みません。
つまり、苦手という以前に、議論自体を避けたがる傾向にあるよう
です。

　一方、特に欧米では、ディベートの仕方などについて、子供のこ
ろから叩き込まれるそうです。いろいろな民族が共存する社会であ
るために、自分の思うことをはっきり主張していくことの重要性が
強調されるのでしょう。

　議場でのやり取りは、まさに議論です。苦手とか避けたいとか
言っている場合ではありません。自治体職員は、仕事としてきっち
り取り組む必要があります。

　そして、議論である以上、自分たちの考え方をしっかり伝える必
要があります。さらに、相手方の意見が間違っていると感じたら、
それもきちんと指摘しなければなりません。そうしないと、間違っ

ているものがそのまま記録として残ってしまいます。

　しかし、議会は勝ち負けを決める場ではないと思います。欧米式の競技ディベートが好きな人には物足りないかもしれませんし、白黒がつかないのでは議論ではないと感じる人もいるかもしれません。けれど、議場で相手を言い負かしてもなんの意味もありません。ひょっとしたら議論に勝ったつもりの人は溜飲を下げるのかもしれませんが、それはその人の自己満足に過ぎません。

　議員と意見がすれ違うこともあるでしょう。

　わかってもらえなくて、残念な思いをすることもあるでしょう。

　それでも、礼を尽くし、行政側の考え方や思いを丁寧に伝えていくべきです。

　国際化が進んでいくなか、議論の仕方については、日本人全体で磨いていく必要があるのかもしれません。

　しかし、少なくとも現在の議会において、勝ち負けを求めるのは正しい姿とは思えません。相手を負かすより、いい議論をすることに集中したいものです。

パターン5　一括か、一問一答か

　地方議会の質問方式には、大きく分けて「一括質問」と「一問一答式質問」の2つがあります。

　「一括質問」とは、議員が登壇して質問を一括で読み上げ、執行部もまとめて答える形式です。一括で質問しますから、読み上げるのにかなり長い時間がかかるのが特徴です。

　「一問一答式質問」は、一問一答席から理事者に向かって項目ごとに質問し、執行部がその都度答弁する形式であり、こちらの方が討論の一般的な形としてイメージがわきやすいと思います。

　この2つの方式は、質問の仕方が大きく違いますから、答弁の作り方もそれに合わせて異なっています。

（1）一括質問

☑ ポイント

☆一つ一つ、何について答えているのかを述べること

　以前、議会の質問と言えば、ほとんどが一括質問でした。今でも多くの自治体がこの形式ですが、徐々に一問一答式が増えているように思います。

　先にも書きましたが、一括質問の場合、質問書の朗読が長く続きます。また、いろいろな分野にまたがる質問がまとめてなされることにもなります。

　そのため、答える側が、「何について答える」と一つ一つ言わないと、どの質問に答えているのかわかりません。そこで、所管部長ごと

に、はじめに何について答えるのかを伝えることになります。

　例えば、

「○○議員のご質問のうち、××部所管の項目についてお答えいた
　します。

　　　まず、～～に関してでございますが……」

「○○に向けた取り組みについてのご質問のうち、道路整備に関す
　る部分についてお答えいたします」

といった具合です。

　項目が2つ以上ある場合は、「次に」や「続きまして」などの接続
詞でつなげていきます。答弁も一括して行いますので、今何について
答えているのかということをわかりやすく示すことが必要となります。

（2）一問一答式質問

☑ ポイント

☆質問の意図と目的をしっかりとヒアリングすること

☆答弁全体の流れを意識すること

☆時間配分に注意すること

　議会改革や、議事の活性化が課題になるなかで、一問一答式が広
がってきています。

　一括質問には、議員の考えていることを演説の形で表明できると
いった利点があるのですが、どうしても互いに原稿を読み合っている
感は否めません。そのため、そこだけを見ると活発な議論がなされて
いるようには映らないという欠点があります。

　その点、一問一答式であれば、その場その場で質問と回答がなされ
ますので、議論が動いていることをわかりやすく提示することができ
ます。

　ただし、ヒアリングがうまくいっていないと、答弁者が立ち往生してしまう可能性がありますし、答弁によっては質問者の想定していた流れが変わってしまうこともあり得るなど、難しい面もあります。

　一問一答式において注意すべきことをまとめてみました。

▶ ヒアリングをしっかりする

　もちろん、一括質問の場合でもヒアリングは重要ですが、待ったなしで回答しなくてはならない一問一答式の場合はなおさらです。

　質問項目を把握することはもちろんですが、どういう意図で、どんな答弁を引き出すことを目指した質問なのか、しっかり聞き取るようにします。

▶ 全体の流れを意識して答弁を作成する

　一問ずつ答えるのが一問一答式ですが、質問者には、全体を通した意図があるはずです。答弁を書く側も、全体の流れを意識していないと、ちぐはぐな議論になってしまいます。

　ただし、かみ合わせようと思うあまり、質問の流れに乗り過ぎてしまってもいけない場合があります。執行部側として伝えるべきことについては、質問の流れを変えてしまうことがあっても伝える必要があります。この辺りも、ヒアリングでしっかり調整しておきたいところです。

▶ 簡潔に答え、時間配分に注意する

　一問一答式の場合、質問が直前にあり、何を聞かれているかわかりやすいはずので、前置きはあまり置かず、すぐに答えに入れます。聞かれたことに、テンポよく答えていくことになるでしょう。

　ただし、現状認識が食い違っている場合や今後の方向性が合わない

場合などは、その旨を加える必要があります。

　一問一答式の場合、質問の数が多くなり、制限時間を気にしながら
進めることにもなりがちです。答弁側は、極力簡潔な内容を心がける
べきでしょう。

VI　パターン6　質問状況や立場はどうか

　一般質問の範囲はほぼ無限にありますので、質問の内容は実に多岐にわたります。さらに、質問される状況も一つ一つ違います。答えやすい場合もあれば、そうでない場合もあります。いずれにせよ、それぞれにふさわしい準備が必要です。

（1）詳細な質問内容がわかっている場合

☑ ポイント

☆丁寧にしっかり書くこと
☆わかっているあまり、書き過ぎないこと

　事前に質問項目さえもわからないということはあまりないと思いますが、どの程度伝えていただけるかは、議員それぞれの考え次第となります。

　正確な答えが欲しいため、質問内容を細大漏らさず渡してくださる人もおられます。一般質問の流れが精緻に組み上げられていて、60分の制限時間を余すところなく使い切られます。

　一方、大まかな質問内容は教えられても、その質問に対してどういう答えをもらえるかがわからないのだから、その先の細かい内容まで伝えられるわけもない、という人もおられます。

　正直なところ、事務方とすれば細かい内容も含め、全部いただきたいのが本音です。その方が漏れなく答弁できますし、答弁者に渡すときにも安心です。

　詳細な質問内容がわかっている場合、個々の質問にしっかり対応す

るのが基本です。関連した資料や、過去の答弁で参考になりそうなものも、必要に応じてそろえておきましょう。

　詳細な内容を伝えていただけたということは、質問者との関係もいいのでしょうし、ヒアリングもうまくいったのだと思います。この場合、答弁書もスムーズに書けることが多いでしょう。

　あえて注意すべき点とすれば、書き過ぎないということかもしれません。これは、出し惜しみをするのではなく、あまり書き過ぎてしまうと、時間を使い過ぎてしまうことのほか、以下のような弊害が生じてしまう恐れがあるからです。

　　・臨場感がなくなってしまい、答弁が浮き上がる
　　・質問者が盛り込むはずだった内容まで踏み込んでしまう
　　・質問者との間だけでわかるやり取りになってしまう

　丁寧に、しっかり書きながら、書き過ぎないということがポイントです。

（２）質問の概要しかわからない場合

☑ ポイント

☆ヒアリングの感触を答弁者にしっかり伝えること
☆議員の立ち位置に合わせて質問を想定をすること
☆１回目の答弁は２回目以降の質問を想定したものにすること

　質問がなされるまで、質問の大まかな項目や概要しかわからないということがあり得ます。

　ヒアリングがうまくいかなかった、反対されている行政課題についての質問であるために手の内を教えてもらえなかった、議員のポリシーで細かくは伝えないようにされている、などといったことが原因として考えられます。

　一般質問は、その場限りの一発勝負であり、

　「詳細な内容は委員会でお答えします」

と言うわけにはいきませんし、

　「調べて、後でお答えいたします」

と言うこともできなければ、

　「少々お時間をいただければ、事務方に資料を持って来させます」

と言うこともできません。その場でなんとかしなければならないのです。

　答弁書を用意する事務方としては、**答弁者を立ち往生させるのが最悪の事態**ですので、質問の内容が伝えられていないと非常に困ります。そこで、ヒアリングで粘ることになりますが、それでもどうしても教えてもらえないこともあり得ます。それはそれで仕方がないことなので、答弁者をサポートする立場としては、与えられた条件の中で最善の準備をする必要があります。

　まず、ヒアリング時の感触を答弁者と共有化します。政策の考え方についての確認なのか、それとも細かい数字をチェックしたいのかなど、質問の意図を伝えます。そのうえで、できる限りの準備をします。

　例えば、「介護保険料の今後の方向性について」との項目だけをいただいたとします。ヒアリングの場で、

　「それだけでは答弁案の作りようがないので、もう少し詳しく教えていただきたい」

と粘っても、

　「保険料の方針について聞くので、これ以上細かい用意はない。今後の方向性について答えてくれれば、それでいい。答えの内容によって、次の質問を考えるから」

といった感じだったとします。

　こうした応対を受けて、相手がもし初対面の方なら、まさにお手上げでしょう。しかし、議員の場合、政策についてのスタンスがはっきりしている場合がほとんどです。このケースについても、議員の立ち位置は理解できているはずであり、まったく答えを準備できないということはないはずです。

　例えば、行政の方向性としては引き上げやむなしと考えているのに対し、保険料については引き上げるべきではないという立場の議員の質問であったとします。その場合、1回目の質問には、

　　・当該自治体の介護保険財政の現状

　　・今後の見通し

を述べたうえで、最終的な決定は今後提示することとなるものの、現段階では、

　　・引き上げもやむなしと考えていること

について答えることになるでしょう。

　2回目以降の質問については想定するしかありませんが、反対の立場からの質問になるはずです。そこで、市として引き上げやむなしと判断するに至った理由について、しっかり準備しておくことになります。

　注意したいのは、**はじめの答弁で答え過ぎない**ということだと思います。この事例の場合、引き上げもやむなしと判断する理由として、対象者の増加、近隣市との均衡、制度改定を上げたとします。2回目以降の質問は1回目の答弁を踏まえてなされますから、個々の内容をさらに掘り下げた内容となります。事前に質問内容が把握できていれば、掘り下げられても対応できるでしょうが、そうでない場合、苦しくなる可能性があります。

　そのため、1回目の答弁では、一番大きな理由だけを示し、2回目以降の質問に備えるということも必要かもしれません。

「見解の相違」というものがある場合、どんなに丁寧な答弁をして
も理解していただくには至らないことが多いと思います。それでも、
しっかり答弁できれば、質問者だけでなく議場にいる他の議員や傍聴
の方などにも伝わるものは伝わると思います。

（3）賛成の立場からの質問

☑ ポイント

☆PRすべき点は盛り込むこと
☆「あれもこれも」と入れ過ぎないこと
☆協力してもらっている場合は謝辞を織り交ぜること
☆謙虚さを忘れないこと

地方自治は、首長と議員がそれぞれ選挙で選ばれる、いわゆる二元
代表制で運営されています。議員の中から総理大臣が選ばれる議院内
閣制となっている国とは仕組みが違います。

そのため、国でいうような「政権与党」と呼べる存在はありません
が、実質的には、基本的に首長の政策を支持する立場をとる会派と、
反対する立場をとる会派という具合に分かれ、与党と野党といった立
ち位置になります。

もちろん、与党的立ち位置の会派といっても、なんでも賛成してい
ただけるわけではありませんし、一般質問で要望・要請がなされない
わけでもありません。それでも、それぞれの立ち位置の「色」のよう
なものは質問にも入ってきます。

賛成の立場からの質問とは、首長のそれまでの行政運営や個々の政
策について、それを後押ししていただけるような質問のことを言いま
す。通常、疑問がある場合や提案がある場合に質問につながりますが、
このように後押しの質問というものもあります。

　こうした質問の場合、比較的リラックスして答弁書を書くことがで
きます。なんといっても賛成してくださっているのですから、これま
での成果をアピールしていくことができます。質問者に事業の進捗な
どで協力してもらっている場合は、そのことへの謝辞などを織り交ぜ
るといいでしょう。

　注意すべきは、あまり調子に乗り過ぎないことです。せっかく言わ
せていただいているのですから、PRすべき点は盛り込んでいいと思
いますが、あれもこれもと入れていったり、尊大な感じになってし
まったりすると逆効果です。

　また、こうした質問のときこそ、謙虚さを忘れないようにしたいと
ころです。

　答弁の例としては、以下のようになるでしょう。

例 答弁

質問例①　市長のこれまでの業績を評価する

　市長就任以来、危機的だった財政状況が好転するとともに、人口の
流出が止まるなど、数々の成果が上がっている。これまでを振り返っ
てどのように感じているか？

回答

　私のこれまでの市政運営につきまして、過分な言葉をいただき、大
変恐縮しているところでございます。

　危機的であった財政状況を立て直すためには、それまでには取り組
んでこなかったような厳しい対応も時には必要でございました。これ
ができましたのも、ご質問いただいた○○議員はじめ、議会の皆様の
御協力があったからこそと、心より感謝しているところでございます。

　ご指摘いただきましたとおり、人口の流出に歯止めをかけることは
できましたが、より多くの方に当市を選んでいただくためには、まだ
まだやるべきことが山積しております。

　議員の皆様におかれましては、引き続き市を動かす車の両輪としまして、ご指導ご協力をいただきたいと考えているところでございます。

| 質問例② | 企業誘致の取り組みを評価する

　過去2年で、有力企業の進出が次々と決まっている。これは、市民の働き場が増えるとともに、税収の増加にもつながる大きな成果である。経済部のいろいろな取り組みが功を奏しているものと評価しているところであるが、担当部長の所見をうかがう。

| 回答

　経済部が最重要課題としている企業誘致の取り組みについてご質問いただきました。

　○○工業団地につきましては、平成12年にオープン後、操業工場数が減少傾向にありましたが、一昨年から増加に転じ、昨年度は□□株式会社と××株式会社、今年度は△△株式会社の進出が決まるなど、大手企業の進出も相次いでいます。

　これも、地域住民のご理解があってこそであり、お骨折りいただいた☆☆議員のご尽力に、心からの敬意と感謝を申し上げるところでございます。

　幸いにもこれまで成果を上げることができております要因といたしましては………。

　企業誘致に向けての自治体間競争は、一層厳しさを増しております。当市といたしましても、これまでの結果に満足してしまうことなく、さらなる取り組みの強化をしてまいります。

（4）反対の立場からの質問

☑ **ポイント**

☆丁寧に答えること

☆できる限りこちらの思いが伝わるように書くこと

☆感情的なフレーズを入れないこと

　「質問」という言葉を辞書で引くと、

　「わからないことや疑わしい点などについて問いただすこと」

といった説明がなされています。

　つまり、通常の「質問」は不明な点について確認し、正しい答えを導くことが目的となることが想定されていると言っていいでしょう。

　一方、議会の一般質問における「質問」は、不明点の確認ではない場合が多くあります。事実関係は十分に理解していて、行政側の考え方もわかっているなかで、やり方を改めさせることを目指した質問があるのです。それをここでは、「反対の立場からの質問」と表現しています。

　例えば、少子化対策の看板政策として、義務教育の修学旅行費及び給食費を無料化している市があり、それに反対している議員がいたとします（実際には、こうした政策に反対する議員は滅多にいませんが）。その議員から、次頁のような質問がなされたとします。

　看板政策として実施している以上、質問を受けて取りやめということはあり得ないでしょう。結果、質問者の意向に反する答弁をすることになります。もちろん、質問者も**一回の質問で方針がガラリと変更されるとは考えていないでしょうが、そうだとしても丁寧に答えたい**ところです。

例 答弁

> 質問
>
> 　市は、少子化対策の一環として修学旅行費及び給食費の無料化を実施しているが、現実問題としてこれらの費用が有料であるという理由で２子、３子の出産をためらっている夫婦がいるとは思えない。
>
> 　市の統計書を見ても、無料化後も出生率は低下し続けており、単なる人気取りのばらまき政策になっているとしか言いようがない。直ちに止めるべきと思うがどうか？
>
> 回答
>
> 　義務教育における修学旅行費及び給食費の無料化についてご質問をいただきました。
>
> 　この政策につきましては、全国的にも大きな注目を集め、各種マスコミに取り上げられたほか、引っ越しを考えているという方からの問い合わせも相当数いただいたところでございます。
>
> 　出生率の減少は、全国的な現象であり、簡単に歯止めが効くとは考えておりません。いろいろな政策を組み合わせて実施していくなかで、少しずつ効果が出てくるものであるととらえているところであり、腰を据えて取り組んでまいります。本事業もその一環といたしまして、継続的に実施していきたいと考えているところです。

つまり、

- **・客観的評価**
- **・継続したい理由**

を入れて答えることがポイントになります。

　逆に、今やっていないことをやるように求める質問もあります。例えば、次頁のような質問です。

　反対の立場におられる方の質問なので、やや挑発的な言葉が盛り込

まれることがありがちです。市長がこれに対して政治家として自分の言葉で反論されるのはいいと思いますが、**事務方が感情的なフレーズを入れるわけにはいきません。** もちろん反論すべきは反論しますが、売り言葉に買い言葉のようになってはいけません。

　この場合であれば、以下のような答弁になるでしょう。

例 答弁

質問

　市長は、就任後、国民健康保険税の増税をはじめ、公共施設の使用料の値上げ、市民団体に対する補助金の減額など、弱者を苦しめる政策ばかりを行ってきた。

　就任時に掲げた「こどもが燦然と光り輝く生活大都市」というキャッチフレーズは、言葉だけのものだったのかと大変残念に思う。

　本当に子供を大切にしようと思っているのなら、子育ての負担が大きくなっている世帯に喜ばれる、保育料の無償化といった政策を実施するべきではないか？

回答

　就任時、市の財政はまさに火の車であり、市の自由が大幅に制約される財政再建団体への転落目前でした。そのため、断腸の思いで各種公共料金の値上げに踏み切らせていただいたところであり、議会はじめ市民の皆様にも、この苦渋の決断をご理解いただきました。

　まだ危機的な状況が去ったわけではありませんので、引き続き、財政再建に取り組み、持続可能な市政を築き上げていきたいと考えております。

　「こどもが燦然と光り輝く生活大都市」に向けた取り組みは一歩一歩進めており、子育て支援に関しましては、待機児童を出さないことなどによって達成してまいりたいと考えているところです。

　この質問の場合では、財政再建団体転落を防ぐために公共料金を上げるなどの厳しい改革を実施している段階であり、そんななかで保育料の無償化ができるはずはない、どこにそんな財源があるんだ、と言ってしまいたくなるところですが、答弁案ではそこは抑えるべきでしょう。

　反対の立場からの質問は、常に首長に批判的になります。答弁書を書くのも気が重くなるかもしれませんが、こういう質問こそ意を尽くして書くことを心掛けたいところです。どうせ理解してもらえないから、どうせ賛成してもらえないから、と身も蓋もないことを書いてしまわずに、できる限りこちらの思いが伝わるような書き方をしましょう。

　それでも、大抵の場合、理解はしてもらえないでしょうが、こうしたことの積み重ねが信頼を生んでいくものだと思います。

（5）かみ合わないことが事前に想定される場合

☑ ポイント

☆政治信条についての意見交換の場合、政治的な部分に立ち入らない程度に、日ごろの首長の言葉を参考に書くこと
☆関連のある資料を揃えたり、想定問答集を作っておくこと

　残念ながら、質問と答弁が噛み合わないことが事前に想定される場合があります。首長の政治信条と相容れない主義主張を持つ会派からの質問の際にこうしたことが起こり得ます。

　かみ合わないやり取りになってしまうことは、質問要旨を見た段階で大体わかるでしょう。事務方とすると、すれ違ったままの質問というのは居心地が悪いものですから、ヒアリングで擦り合わせようとする場合もあると思いますが、質問者もかみ合わないことは承知で物申

そうとされていますので、そのまま当日を迎えることになるのではないでしょうか。

　政治信条についての意見交換は、政治家である首長と議員がそれぞれの思いでやり取りをするしかないと思いますが、下敷きとなる事務方が作る答弁書案はやはり必要となります。ヒアリングでの感触などをもとに、書ける範囲で案を作ります。

　通常の答弁案では、質問者の主張をある程度受け入れ、そのうえで方針を書いていきますが、互いに一歩も譲れない案件の場合、入口からやり合う形になるケースも想定されます。事務方とすると、あまり政治的な主義主張に立ち入らない形で、日ごろの首長の言葉を参考に書いていきます。

例　答弁

質問　原子力発電の是非について

　市長は、原子力発電所の誘致を進めているが、事故の危険や環境破壊の恐れが大きく、市民の多くは反対している。原発の誘致は、ごく一部の産業界の要望だけに配慮した不適切なものと言わざるを得ず、直ちに撤回していただきたい。

回答

　私は、選挙のときから原子力発電所の誘致を訴えており、市民の信任を得て市長の職務に就かせていただいたものであります。今になって、その公約を覆すことは、かえって市民の信頼を裏切ることになると考えているところです。

　言うまでもなく、原発の誘致は一部の産業界の要望に応えるものではなく、国のエネルギー政策と市の将来像を真剣に考え抜いての結論であり、撤回する気持ちは全くございません。

　また、こうした質問の場合、**一度のやり取りでは終わらないことが多くなる**と思います。関連資料などを揃えて、想定問答集を作っておく必要があります。

　政治家同士が自身の言葉で議論をする流れになったら、事務方の原稿は必要ないと思いますが、念のための用意です。

　このように主張がぶつかる案件については、首長が自身の言葉で語れると思います。その意味では、想定問答集を作るのは蛇足のようですが、議会は咄嗟のやり取りですから、一瞬詰まる可能性もなくはありません。その点、想定問答集に一度でも目を通しておいてもらえれば、そうしたリスクは多少なりとも軽減される可能性があります。

　ヒアリング時の感触を活かし、念には念を入れる感じで想定問答集を作っておきましょう。

例　想定問答集

- 選挙の争点は原発のみではなかったのではないか（当選したからといって、原発の誘致が認められたことにはならないのではないか）？
- 選挙での得票率は、有権者の4分の1程度であり、多くの市民は実は反対しているのではないか？
- 原発事故とその後の対応をどのようにとらえているのか？
- 地震やテロへの対応は万全であると考えているのか？
- 誘致活動を終了することによって、なんらかのペナルティが課されるのか？
- 誘致に関する住民投票を行うべきではないか？

Ⅶ　パターン7　前向きな答えができるか

（1）前向きな答弁をする場合

☑ **ポイント**

☆表現例を有効に使うこと

大

実施可能性

小

「早急に実施いたします」

「実施の方向で、準備を進めてまいります」

「実施に向けた具体的な検討を進めてまいります」

「来年度予算に計上する方向で事業費等を精査してまいります」

「実現に向けて、課題を整理してまいります」

「他市の状況などを参考に、検討していきます」

　ここでは、前向きな答弁をする場合について書きますが、実際には一度の質問ですぐに実施することを前提とした答弁をすることはあまりないと思います。

　このことは役所のスピード感のなさを示しているように映るかもしれませんが、ある事業を実施しようとすれば、そのための条例や規則、要綱などを整備したり、役所の計画に位置付けて予算措置をしたり、といった対応が必要となります。さらに、実現に向けて障害となっているものがあれば、それを取り除く方法を考える必要もあります。それらには、一定の時間を要しますから、必要性が認められたとしても、ある議会での1回の質問で、「すぐにやります」と答えるのは難しいと言えます。

　しかし、「すぐやります」「いついつからやります」といった答えは難しくても、実施の方向で検討を進めるといった答弁はあり得ます。

　法的拘束力はなくても、一般質問で「やる」といったことは、実施

しなければなりません。そのため、答弁の際には慎重に言葉を選ぶ必要がありますが、言葉をぼかしてばかりでは伝わりません。言い切れるときは、きちんと言い切りましょう。

137頁のポイントに、実施可能性の大小による表現例を掲げました。参考にしていただければと思いますが、言質を取られないことに集中するあまり、「霞が関文学」と揶揄されるようなわかりにくい文章にならないようには注意したいところです。

（2）前向きな答弁ができない場合

☑ ポイント

☆理由を丁寧に述べること
☆108頁も参考にすること

答弁書の作成には、多くの自治体職員が苦心を重ねています。なぜなら、ほとんどの質問が、

「その自治体ができていないこと」

「その自治体で問題となっていること」

などについてのものだからです。できていないのにはできていないなりの理由があり、そこを指摘されて、何か答えるというのはなかなかしんどいものがあります。

しかし、一般質問とはそもそもそういうものでしょうし、その自治体の足りない部分を指摘して、よりよくしていくのも議員の役割ですから、これは避けられません。

前向きな答弁ができない場合、その理由をきちんと述べたいところです。理由を述べても納得はしていただけないことの方が多いでしょうが、それでも丁寧に説明すべきだと思います。

例えば次のような質問については、

例 答弁

質問

　近年、自転車への注目が高まっている。

　健康にいいことに加え、車と比べて経済的で環境にもいいので、人気が集まるのも当然だと思う。さらに、レンタル自転車の設置により観光客の集客に成功した地域もあるようだ。

　観光・環境先進都市を掲げる当市も、自転車の利用を推進すべき。そのための第一歩として駅前通りに自転車専用レーンを設置してはどうかと考えるが、所見をうかがう。

回答

　議員ご指摘のとおり、近年、自転車への注目が高まっておりますが、これは日本だけではなく、世界的な傾向になっているものととらえています。環境志向、健康志向に、自転車がマッチしているのだろうと思います。

　ご提案の自転車専用レーンについても、設置している自治体が徐々に増えてきているようでございます。

　しかしながら、自転車専用レーンを作ると、その分車道が狭くなるため、一定の広さのある道路でないと設置できません。駅前通りは狭隘のためバスがすれ違うのもギリギリであり、自転車専用レーンを作る余裕はないのが実情です。

　また、駅の駐輪場も不足しておりますので、自転車利用の方が増えても、収容が難しい状況になっています。

　このため、駅前通りへの自転車専用レーンの設置については、当分の間は難しいものと考えているところです。

といった答弁になるでしょう。

　実施できない場合でも、きちんとその理由を伝え、理解を得る努力をすることが大切だと思います。

COLUMN　議員に合わせた答弁は是か非か

　答弁は、議員の質問内容に合わせて変わります。それは当然のことです。

　また、議員の政治的スタンスに応じても、答弁は変えていくものだと思います。これも自然なことでしょう。

　ここで「是か非か」を考えたいのは、首長の政治姿勢や自治体の政策に賛成の立場の議員とそうでない議員で、答弁を変えるべきか、変えてもいいか、ということです。

　原則的には、変えるべきではないでしょう。

　誰のどんな質問に対しても、きちんと答えるのが当然です。事務方は、その原則を守る必要があると思います。

　では、首長はどうでしょう。

　同じく住民の投票で選ばれた身として、事務方とは違い、自分というものを出していい立場です。それに、首長も完全無欠の聖人君子ではありません。常に否定的な意見を述べられ、出す議案ごとに

反対される議員からの質問に対しては、ちょっと違った向きになるのもやむを得ないかもしれません。

　実際、いろいろな自治体の方の話を聞くと、反対する立場の会派の議員からの質問には、そっけない回答をされる首長もおられるようです。

　それがいいとか悪いとかではありません。

　反対する立場の議員も、そうした反応をされることは、ある程度織り込み済みでしょう。

　しかし、事務方はしっかり答えるべきです。

　賛成反対はあって当然であり、反対されるからと言ってぞんざいに答弁するようなことがあってはいけません。

　議員は、住民から支持されて選ばれた、住民の代表です。答弁書案を作る際にも、誰からの質問だからという先入観を持つことなく、誠意を持って、丁寧に答弁することを忘れないようにしたいものです。

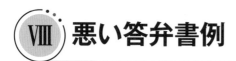 Ⅷ 悪い答弁書例

　唐突ですが、ロシアの文豪トルストイの名作「アンナ・カレーニナ」の書き出しは、以下のようなものです。

　「幸福な家庭はどれも似たようなものだが、不幸な家庭はいずれも
　　それぞれに違って不幸である」

　この伝で言うと、悪い答弁書はそれぞれに違ってよろしくないということになります。では、どのように違うのでしょうか。

　これまでは、パターン別に答弁書の書き方を見てきましたが、ここでは、「よくない」答弁例を検討してみます。

> **質問例①**
>
> 　当市では、近年交差点での交通事故が増えている。これを減らしていくためには、交通指導員を増やすことが効果的である。来年度から少なくとも10名程度増員すべきであると考えるがどうか？

> **悪い例①－1**
>
> 　交通事故の多発については、市としても大きな問題と認識しています。そこで昨年度より、事故の多くの割合を占める高齢者への交通安全意識の普及啓発に力を入れています。その結果、高齢者による事故は前年比で20％の減となったところです。

▶ **ダメな点**

　答弁は、「質問に答える」のが大前提です（→38頁）。

　質問に対する答弁ですから当然のことなのですが、言いたいことを言いたい、言えることを言いたい、という意識が強くなると、いつの

間にか聞かれていることから離れてしまうことがよくあります。

　今回の例では、「交通指導員を増やすべきと思うがどうか」という
のが質問の趣旨であり、その点に答える必要があります。

　もっと効果的な方法があるからそれを伝えたい、聞かれたことについては実現できるかどうかわからないから否定的なことはあまり言いたくない、など、事情はあることと思いますが、質問内容にきちんと答えることが大前提です。

悪い例①－2

　市内での交通事故発生件数の総数を見ると、ここ数年は減少傾向にあります。これは、市で行っている交通安全政策が一定の効果を上げているものととらえています。そのため、交通指導員についても現状の人数を維持してまいりたいと考えています。

▶ **ダメな点**

　議員の質問では、交差点の事故が増えていると言っていますが、答弁では交通事故発生件数は減っているとしています。これでは、聞いている方は何が何だかわかりません。

　数字は、切り取り方の違いによってこうしたことが起こり得ますが、ちぐはぐなやり取りにならないように、前提条件などをしっかり述べる必要があります。

　数字のとらえ方については、ヒアリングの段階できちんとすり合わせをしておきたいところです（→104頁）。

悪い例①－3

　交通指導員を増やすためには、新たな財政需要が発生します。また、一度増やしたら減らすことができなくなることが見込まれます。そのため、財政状況が厳しい中では、交通指導員の増員は難しいものと考えています。

▶ ダメな点

　議員の提案に、前向きな答えをできないことも多々あるでしょう。その際に、できないことをしっかり伝えることは大切です。ただし、**その理由として財政的な厳しさだけを前面に出すのは、あまりよくない**と思います。

　自治体には、さまざまな事業があり、予算が計上されています。また、毎年何らかの新規事業が実施されているはずです。つまり、財政が厳しくても予算が付くものは付くのです。この答弁では、「それでは、新たな財政需要が発生する事業は、今後一切やらないということか」などと突っ込まれる可能性があります。

　提案に応えられない場合には、**財政制約以外に、それ相応の理由があるはず**です。そこをきちんと述べるようにしましょう（→106頁）。

質問例②

　人口減少社会に突入し、都市間競争が激しくなっている。都市として生き残っていくためには、税収を増やしていく必要があると考えるが、そのためにどのような方策をとるか？

悪い例②

　税収につきましては、景気の動向に左右されるほか、国の税制改正にも大きく影響を受けます。一自治体ができることには限界がありますので、交付税の確保等について国に訴えてまいります。

▶ ダメな点

　確かに、一自治体レベルでできることには限界がありますし、即効性のある対策はなかなか打てないのが現実です。かといって、できないと決めてしまうのは姿勢としても残念です。今後の方策を問われたときには、本来やるべきことを考え、**できる範囲で前向きな答弁する**

のがセオリーだと思います（→109頁）。

質問例③

> 市への観光客が、この２年間で減少傾向にある。訪日外国人観光客が増加しているなか、市の努力が足りないのではないか？

悪い例③

> 日本政府観光局の発表によれば、平成29年７月の訪日外客数は、前年同月比16.8％増の268万２千人となり、単月として過去最高となったとのことです。
>
> これを国別に見ますと、１位が中国、２位が韓国となっており、台湾、香港を含めた東アジアからの訪日が多くなっているようです。
>
> 宿泊地として最も多いのが東京都、次いで大阪府、北海道となっています。また、訪日の目的は、アジアの人は「買い物」、欧米の人は「歴史に触れる」というところに置いておられる方が多いようです。
>
> 当市の観光客が減少傾向にあるとの指摘でございますが、これは「観光入込客統計」によるものでございます。この統計は、……。

▶ ダメな点

くどいです。

厳しい指摘を受け、しかも対応策がない、という場合、つい周辺事情を書きたくなってしまうことがあります。気持ちはわかりますが、答弁は**「聞かれたことに簡潔に答える」**ことが基本です。（→38頁）

長く書くと、字面では多少もっともらしくなりますが、聞いている側をかえってイライラさせてしまいかねません。

質問例④

> 私の子供時代、市内を流れる〇〇川では思う存分水遊びができ、魚もたくさん泳いでいた。工場排水をもっとしっかり規制して、子供たちが遊べるような川に戻すべきではないか？

悪い例④

　○○川の水質につきましては、常時監視しております。

　データによりますと、生物化学的酸素要求量、いわゆるBODでございますが、この数値が継続的に低下しており、水質は改善してきていると言えます。しかしながら、水浴にふさわしい２ミリグラムパーリットルまでには至っておりません。溶存酸素、いわゆるDOも十分ではありません。

　さらに、懸濁物質または浮遊物質や大腸菌群数も、基準に達していないのが現状でございます。

　水質を改善していくためには、……。

▶ ダメな点

　"BOD"や"DO"と言われても、ほとんどの人にはピンと来ません。たとえ質問者が理解していても、それ以外の人に伝わらないのでは、いい答弁とは言えません。

　専門用語は極力使わず、もし使う場合には十分にかみ砕いて、誰にでもわかるような答弁にしましょう（→70頁）。

　また、議員の言葉を引き取ることも大切であり、この場合であれば「子供たちが遊べる」というキーワードを答弁にも盛り込みたいところです。

質問例⑤

　自治体の財政運営に長期的な展望がないのは、会計が単年度主義で行われているからではないか。この弊害を取り除くために、複数年度予算を検討してはどうか？

悪い例⑤

　議員もご案内のことと思いますが、自治体の会計年度については、地方自治法第208条において、４月１日に始まり、翌年３月31日に終わるものとすると決められています。さらに、各会計年度における歳出

は、「その年度の歳入をもつて、これに充てなければならない」と規定
されており、会計年度の独立についても明確に謳われています。

　このため、複数年度予算は編成できないものです。

▶ ダメな点

　常に忘れてはならないのは、質問者への敬意です（→37頁）。

　**法律の規定を読み上げ、それのみをもって「できない」とするので
は、敬意を払っているとは言えないでしょう。**

　そもそも、ほとんどの一般質問は、現状をよりよくすることを目指
してのものです。現状を縛っているものは、予算的な問題であったり、
地域の理解であったり、経済環境だったり、いろいろです。法の縛り
も数ある制約の一つであり「法律に書いてあるからできません」では
答えになっていません。

　質問のとおり実行することは難しくても、なんらかの方策を探るべ
きでしょう。また、もし実行する必要がないと判断する場合は、「法
律で決まっているから仕方がない」ではなく、なぜそう考えるのかを
述べるべきだと思います。

質問例⑥

　隣接する○○市では、30年間中断していた花火大会を再開し、多く
の来場者を集めるとともに、これを機会に久しぶりに故郷に帰ってき
た人もいたと聞く。当市でも、20年間開催されていない××祭りを復
活させてはどうか？

悪い例⑥

　○○市で久しぶりに開催された花火大会は、地元の若手商業者が主
体となって活動し、地域にある大型商業施設の全面的なバックアップ
のもとで開催されたと聞いております。

　当市の××祭りにつきましては、担い手不足を一つの原因として開

催されていないものであり、現在もその問題は解消されていません。
商業者の機運も特に高まってはいないのが実情です。こうしたなかで
は、××祭りの復活は難しいものと考えております。

▶ ダメな点

　答弁から、思いが伝わってきません。他市で成功したのは役所では
なくて商業者が頑張ったからであり、うちはそれがないからできませ
んでは、まるで他人ごとです。

　できない理由を説明せざるを得ない場合、「思い」の部分を書きに
くい面はあると思いますが、**「担当としてこうしていきたい」という
気持ちは込めるようにしたいものです**（→106頁）。

　もし、言い過ぎ、書き過ぎていたら、上の人が直します。

答弁書は誰が書く？

COLUMN

　答弁書の作成過程について、いろいろな自治体の方に聞いたところ、担当職員ではなく、初めから課長級職員が原案を書くことが少なくないということがわかりました。なぜ担当職員が書かないのか考えてみると、いくつかの理由が挙げられそうです。

　まず、時間がない、ということがあります。普通の行政文書であれば、担当者がいろいろ調べ、決裁文書として起案し、係長にチェックしてもらって、課長、部長と上がっていくという経路になりますが、答弁書の場合、そうやって段階を踏んでいく時間的余裕がありません。そこで、課長が自ら書く、ということになるのでしょう。

　また、答弁書は、その自治体の意思を示すものになりますから、非常に重いものです。事実関係であれば担当職員が一番知っているでしょうが、答弁書はもう少し深いところを理解したうえで書かなければならないので、課長が直接書いているのでしょう。

　その他、質問されている議員の個性に合わせてとか、過去の答弁内容を踏まえてとか、いろいろ考え合わせると、課長が作成者として適任ということになるのかもしれません。

　しかし、それだからこそ、あえて係長級職員や担当職員に書いてもらってはどうでしょう。

　答弁書案を書くことは、非常に勉強になります。

　広い視野を持たないと適切な答弁書案は作れませんから、全体を眺められるようになります。

　限られた分量に伝えるべきことをすべて入れなければなりませんから、文章を作る練習になります。時間のないなかで必要な情報を取捨選択し文章を練り上げる稽古にもなります。

　議員とのつながりも持てますし、部長や、場合によっては首長の考え方に直接触れることもできます。

　課長に任せた方が無難かもしれませんが、係長や担当職員の経験値を上げるという選択肢も大いにあるのではないでしょうか。

第5章

現場の声 ↵

第1章

第2章

第3章

第4章

第5章

第6章

資料

　この本を書くにあたって、実際の議会答弁に関わっておられる方々が普段どのように感じているのか、意見を聞いてみました。

　いただいた声をインタビュー風に掲載し、それぞれに感想を述べてみます。現場の本音から、答弁書作成の課題も見えてくるのではないかと思います。

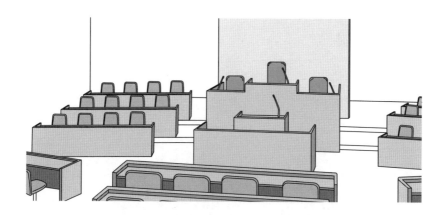

Ⅰ　議員側の意見

> **問い**
>
> 執行部からの答弁への満足度はどうですか。
>
> **答え**
>
> ・一般質問における要望や提言に対して、すべて満足のいく答弁が
> 　もらえるとはもちろん思っていないが、それにしても答弁は、通
> 　り一遍の現状の説明から入り、聞いてないことに時間を費やし、
> 　満足のいく答えがもらえることは少ない。
> ・答弁を機会にアピールしたいことがあると、無駄に答弁が長くなる。
> ・「国の動向を伺いながら……」とか「他県の動向を検討しながら
> 　……」といった定型的な逃げ答弁をなくすようにしてもらいたい。

　なかなか手厳しい指摘です。

　この本でも、「聞かれていることに答える」ということは強調して
いますが、一方で「型を知る」ことの意味についても触れさせていた
だいています（→42〜43頁）。

　答弁書作成の「型」となると、現状説明から入る場合も少なくない
と思います。前提がないと聞いている方もよくわかりませんので、現
状の共有化は必要ですが、そこにあまり長い時間を費やしてしまうと、
質問をした議員としては不満が高まるようです。

　また、アピールしたい点は伝えてもいいとは思いますが、執行部は
あくまでも質問に答える立場ですので、そこは踏み外さないようにし
たいところです。

　大切なのは、「型」は踏まえつつ、極力簡潔に、そして必ず聞かれ

ていることに答える、ということでしょう。

　もちろん、「基本的には丁寧な答弁をいただいているので満足している」という回答もありました。

問い

答弁に向けてのヒアリングについて、どのようにお考えですか。

答え

・市民からは事前調整のように見えてしまう恐れもあるため、ヒアリングの是非について議論があることは承知しているが、市長との政策論における１対１の質疑応答であればともかく、議会を見ている市民にわかりやすい質問、答弁を行うためには、議員と執行部が顔を合わせて意見交換をすることは必要なことだと思う。

・ヒアリングの場が、質問者と答弁者の台本作りになってしまうのはいかがなものか。

・私は、答えてほしい内容について箇条書きにしたものを渡すだけとし、それ以上の詳細な打合せはしないし、答弁内容を事前に知ることもない。その方がお互いに緊張感があってよいと思う。

・ヒアリング後、必要な措置を急いでやってくれたり、やる方向に向かってくれたりすることも多いので、有意義な場だと考えている。

　ヒアリングについての、肯定的な意見が聞かれました。馴合いになってしまうのではないかと、否定的にとらえられることも多い本番前のヒアリングですが、いい議論を行うための前提となる意味のある場となっているようです。

　一方、ヒアリングの目的や趣旨を理解されたうえで、これ以上踏み込むべきではないという線引きもされています。執行部側も、ヒアリングの本来の意味を踏まえた対応をしなければなりません。

> **問い**
>
> よい答弁とは、どのようなものだと思いますか。
>
> **答え**
>
> ・最初からできない理由、やらない理由を述べる答弁ではなく、挑
> 　戦心をもってできる方法を考えてみる、あるいは検討してみるく
> 　らいの意気込みのある、前向きな答弁がほしい。
> 　　そして、次回以降の議会において、その結果を求める質問を行
> 　い、その結果を明らかにしたうえで、できるできないをハッキリ
> 　させるようなことができればと思う。
> ・質問にきちんと正面から回答するものだと思う。不必要に背景や
> 　定義などに長々と触れて、質問に対する本質的な回答が薄い答弁
> 　は、一般の住民にとっては、わかりにくいうえ、つまらないもの
> 　だと思われる。

　役所側は、どうしても守りに入ってしまいがちです。やると答えて
しまうと引っ込みがつかなくなりますし、特定の議員の提案に答えて
しまうとバランスが取れなくなるかもしれないなどと、ネガティブな
発想にとらわれてしまいます。

　この回答をくださった議員は、少しでも行政を前に進めたいという
気持ちで質問されています。できないことを責めるのではなく、検証
して、物事を動かしていこうとされているようです。

　議場での答弁が綺麗ごとだけでは済まないのは十分承知しています
が、こうして課題を一つ一つクリアにしていこうというやり取りは、
前向きに活かしていきたいものです。

　そして、ここでも大切なことは簡潔さです。

> **問い**
>
> 今後、議会でどのような議論がなされればいいと思いますか。
>
> **答え**
>
> ・執行部から提案のあった議案の議決だけでなく、二元代表制を活かした市長と議員の活発な議論、議員提案によるさまざまな取り組みができるような議会であるべきと思う。そのためには、当然のことながら議員の一人ひとりがもっともっと勉強をして、提案する議会になることが必要だと考える。
> ・一般質問など、超党派であらかじめ議論したうえで行えば、さらによい質問ができるのではないか。
> ・委員会だけでなく本会議場でも自由討議の場が増えるといいと思う。
> ・一問一答にして質問回数の制限を無くす一方で、執行部側にも反問権を認め、テーマの本質を突いた建設的な議論ができるようになればよいと思う。多少熱いやり取りがあったとしても、住民の興味関心を惹きつけ、政治参加につながるのではないか。

　議会は議論の場であり、ここで磨かれた政策が、行政をよりよいものにしていくというサイクルが理想です。

　首長や執行部を追及するだけでなく、議員間での議論も増やしていくべきとの意見であり、新たな議会の形がこれから生まれていくかもしれません。

　議員の勉強に負けないように執行部も勉強し、質問と答弁のやり取りを通じて、互いが高めあっていけるような関係になれば、地域のためにも、より意義のある場になります。

Ⅱ　執行部側の意見

　続いて、執行部側の意見です。

　答弁書作成にあたっては、いろいろと気苦労も絶えないのではないかと思います。また、もっとこう書きたい、こう進めたい、といったうずうずした気持ちも少なくないのではないかと推察します。

　いただいたアンケート結果から、本音がチラチラとみえてきます。

問い

答弁書案を作成するうえで気を付けていることは何ですか。

答え

・過去の答弁との整合性に注意している。

・他の議員や傍聴する市民、場合によっては議場内の執行部に対しても、質問された項目に対してしっかりと取り組んでいるというイメージになるような答弁になることを心掛けている。

・簡潔にわかりやすく、聞いてわかるように気を付けている。

・質問の背景にあるものを想像して書くようにしているが、想像し過ぎると答弁が別の方向を向いてしまうので難しいところである。

・まずは、誤りのないこと。

・できないことでも、紋切型では済ませないこと、質問者の顔をつぶさないことに配慮している。

・あまり長くならないようにしている。

・はぐらかさずに、聞かれていることに答えるようにしている。

・事実しか言わないように心掛けている。

・答弁者がそのまま読み上げても、その時に文章としておかしくならないよう意識して書いている。

・議員の質問の趣旨を正確に把握するように努めている。

・過去に同様な質問があった場合は、ニュアンスの程度をどのようにするか気を付けている。新たな質問があった場合は、地域の課題を踏まえて未来に繋がるような答弁書を作成するようにしている。

・何を聞きたいのかをしっかり把握して、的確に答えるよう注意している。また、伝わるためには、文章をよりわかりやすい表現とし、センテンスも長くしないようにしている。

COLUMN　議場でのハプニング　Part 1

　議場は、リハーサルなしの一発勝負です。そのため、いろいろなハプニングが起こります。

　いろいろな自治体で起きたハプニングとその際の対応について、その一部を紹介します。

● 質問原稿飛ばし

　これは、一括質問の際に起こりがちなハプニングです。

　一括質問では、議員は何十分間にもおよぶ演説を行うことになります。当然、原稿も何枚にも及びます。読み進めていくうちに、つい1枚原稿を飛ばしてしまう、ということが起こり得ます。

　文脈が全くつながっていなければ気付くのでしょうが、運悪くなんとなくつながった場合など、そのまま進んでしまうことがあります。

　飛ばされた原稿の中に質問が入っていたりすれば、質問自体がなくなってしまいます。質問されていないのに答えるのもおかしなことになってしまいますので、答弁者はよく聞いている必要があります。そして、答弁において、さりげなくフォローできるといいので

　やはり注意されているのは、「聞かれていることに答えること」のようです。これは当然のことで、かつ簡単のようですが、まず何を聞かれているのかを正確に把握しなければなりませんし、それにふさわしい答えをしなければならないという点で、意外とやさしいことではありません。常に心掛けて、それではじめてできることです。

　また、「簡潔に」という意識も強いようです。一般質問の主役はあくまでも質問側であり、あまりしゃべり過ぎないように注意している様子がうかがえます。

すが。

● 未来答弁

　あってはならないことですが、答弁漏れということは少なからず発生します。特に、細かい通告のない議案質疑において、まとめていくつもの質問がなされた場合、網羅しきれず答弁が漏れることがあります。多くの場合、議員からの指摘で改めて答弁することになります。

　漏れはあっても、余分に答えることはないはずなのですが、まれにそうしたことも起こるようです。原因は、原稿が混ざってしまったり、めくり間違ってしまったりといったことによります。

　こちらも、一問一答式では起こりそうもないことですが、一括質問の場合はあり得ます。答弁側の原稿もかなりの枚数になるため、ある自治体ではそれがどうした拍子か混ざってしまい、次の質問者に答えるべき内容を読み上げてしまったといったことがあったようです。これはさすがに議事が止まったようです。

　人間なので、ミスはあり得ますが、ページを振る、インデックスを付けるなど、予防策はしっかりしておきたいところです。

　質問側への配慮としては、「顔をつぶさない」「はぐらかさない」といった言葉も出ていました。

　わかりやすさも大切にされているようです。一般質問への答弁は一発勝負であり、回答を紙に書いて配布するわけではありませんから、一度聞いただけで理解してもらわなければなりません。その意味で、わかりやすさは非常に大切です。

　間違えのないようにする、という基本ももちろん押さえられていて、過去の答弁との整合性も図られています。

議場でのハプニング　Part 2

COLUMN

● カタカナ言葉の復讐

　本文中（→72頁）にも書きましたが、カタカナ言葉の使い方は難しいものです。役所としては便利ですが、一般の方に理解いただけるかというとそうでもないので、使いどころを考える必要があります。

　ある議員が、役所はカタカナ言葉をなるべく使わないようにしてはどうかとの質問をしました。答弁も、住民向けのお知らせなどは、わかりやすさが大切なので、気を付ける旨の内容となりました。

　それはそれでよかったのですが、その議員の次の質問項目が、「コミュニティ」に関するものだったために、他の議員から混ぜ返されてしまいました。

　「おいおい、カタカナじゃないか」
というわけです。

　議員は指摘に合わせて、途中からコミュニティという言葉を自治に直したりして対応しましたが、困るのは答弁側も同じです。その

> **問い**
>
> いい答弁書とは、どんなものだと思いますか。
>
> **答え**
>
> ・自分が答弁者になったつもりで、質問者とのやりとりに十分耐えられるものであることだと思う。
> ・簡潔明瞭。
> ・他の議員や傍聴する市民にとっても、質問された項目に対してしっかりと取り組んでいるというイメージになるような答弁ではないか。

後の答弁に、カタカナ言葉が出てくるたびに、言い換えに苦労していました。

● **野次**

　国会で、野次が問題になることがあります。地方議会でも、野次はあります。

　もちろん、行き過ぎた野次はよくないですが、議会に野次はつきものです。焦点となっているテーマについて答える際の答弁者は、野次も織り込み済みで登壇する必要があるかもしれません。

　基本的に、事務方の職員への野次は少ないと思いますが、答弁内容によってはあり得ます。もちろん、言い返すことはできませんので、粛々と答弁することとなります。

　そうは言っても、答弁者も人間ですので野次られながらの答弁には忸怩たる思いもあるでしょう。ついムッとした表情を浮かべてしまったりということもあるようです。

　事務方は、議場で起こっていることには何もできませんが、いい答弁書案を作ることで答弁者を支えましょう。

・理想は、聞いてもらっている住民にもわかりやすく具体的な内容であることだと思う。

・やるのか、やらないのか明確に伝わる答弁がいい。

・答弁が単なる「回答」にとどまることなく、その一般質問全体が一つの物語になるような「流れ」を作れるのが、いい答弁書だと思っている。

・お互いがよりよい市政、市民の方々の豊かな暮らしのために努力していこうという熱意があれば、自然とよい答弁になるはず。それには、議員の方々との日々の情報交換もある程度必要になってくる。責任転嫁するような担当部局の逃げ腰の答弁や、市長をほめるやらせの答弁はうすっぺらいものだと思う。

　「いい答弁書」と一口に言っても、いろいろな切り口や考え方があります。人それぞれに思いがあるでしょう。

　アンケートの結果を見ると、普段縁の下の力持ちとして答弁書を作成している事務方の熱い気持ちがほとばしっているように感じました。

　答弁書案を作る職員は、あくまでも黒子です。演じるのは答弁者であり、一般質問での主役は議員です。それでも、聞いている人にわかりやすく、何とか伝えたいという思いを作成者が持っていないと、いいものにはなりません。「答弁者になったつもり」「熱意」といったフレーズからそれが伝わってきます。

　もちろん、わかりやすさも大切ですし、ブツ切れになっていない流れも必要です。

問い

答弁書作成に関して、失敗談はありますか。

答え

・答弁作成にあたって、他の部署と役割分担でもめたり、上司と表現でもめたりなど作成に苦労したものの、質問者の時間がなくなって答える時間がなくなってしまった、意外とあっさり質問者が引き下がってしまったなどで、「あの時間は何だったんだあ〜」といったことがある。

・細かい質問に、いちいち答弁を書いたが（600字ぐらい）、上司にバッサリ100文字ぐらいに削られたことがあった。相手に合わせて書くのが必要ということだろうか。

・答弁書の中に数字の間違いがあり、午前中の市長答弁でそのまま読み上げられてしまった。午後に市長が訂正する際、「担当課が数字を間違えたため」とは言えないので、「私の読み間違えがあったため」とフォローしてもらった。

・答弁書の中に漏れがあったが、チェックできずにそのまま議会に出してしまい、質問に答えられなかったことがあった。翌日の冒頭にフォローしたが。

・担当課にて作成した答弁書が、一般質問前日に市長のところで全面差し替えになっている事案をたまに見かける。

・質問の趣旨がなかなか把握できないまま、時間切れになってしまい、質問検討会に答弁作成が間に合わなかったことがあった。

・質問者の真意を見誤ってしまい、議論がかみ合わなかったことがある。普段から、その議員がどのような考えを持っているかを理解しておく必要があったと反省している。

・事業の方向性について、部局長が多忙なため、意思の疎通ができていないことがあり、答弁書を書いても、何度も修正する羽目になった。

　それからは、日頃から、部局長には「こうですかね？ああですかね？」とつまらない話題からアンテナを張るようにしているので、なんとなくこんな風に書くかな？とわかるようになってきた。

　「答弁者」に聞けば、もっと別の角度の失敗談が出てくると思います。議場で真っ白になった、言い間違えた、読めるはずの漢字が読めなかった、つい感情的になってしまったなど、いろいろあることでしょう。

　答弁書作成側の失敗談は、それほどドラマチックではありません。しかし、こうしたあれこれの積み重ねが、よりよい答弁書作成につながっていきます。

　どうやら、答弁書に間違いがあった、という経験がある人が少なくないようです。**そのまま首長なり部長なりが読み上げ、確定してしまうと、役所の公式見解となってしまいます**ので、大事になりかねません。人間のやることなので、間違いはどうしても起きてしまいますが、特に数字に関する内容などは、チェックにチェックを重ねることが必要です。

　作成に時間をかけ過ぎた、調整に手間取ったなど、すぐに作らなければならない答弁書ならではのあたふた感も伝わってきます。一般質問が終わると、執行部には「一山越えた」という空気が広がりますが、それだけ気を使っているということでしょう。

議会答弁は「八百長」？

　歯に衣着せぬ発言で知られる元鳥取県知事の片山善博氏が、以前地方分権改革推進委員会において、おおむね以下のような発言をされ、物議を醸したことがありました。

　「非常に言いにくいことですが、ほとんどの自治体の議会では『八百長と学芸会』をやっています。『八百長』というのは、結論を決めてから試合をすることです。『学芸会』というのは、シナリオを決めてそれを読み合うということで、一字一句すり合わせをしたものを読む自治体もあります」

　実に手厳しい言葉です。

　確かに有権者から見れば、議会は真剣勝負の議論の場であるべきで、片山氏がおっしゃるように、結論ありきで文書を読み合うだけでは、期待に応えているとは言えないでしょう。また、以前はよくあったそうですが、執行部側が聞いてほしいことを質問してもらい、それに対してもっともらしい答えをすることで、しっかりやっています感を出すような一般質問では、意味がある議論がなされているとは思えません。

　しかしながら、こうした声を恐れるあまり、議員と執行部が事前に意見を交換し合うことまでやめてしまうのはもったいない気がします。

　議場での議論が本番であることは間違いありませんが、議員と担当者が意見を交わすヒアリングも重要です。答弁そのものが大切なのは言うまでもありませんが、そこに至る過程も大事にするべきだと思います。

　ヒアリングでは、事業の担当者と議員が、膝を突き合わせて意見交換をします。議員としては、詳細な情報を入手するとともに、こうすべきという提案を伝えられる機会になります。執行部側としても、住民の生の反応を確認できる得難い場でもありますし、事業の意味や目的を議員に伝えるチャンスでもあります。

　議場での一発勝負にこだわり、細かいヒアリングをせずに本番に臨んだとします。その場合、議論のベースとなるべき数字などについて、答えられないケースが続出するでしょう。「そんなことも知らないのか」とやり込めれば、質問者の溜飲は下がるかもしれませんが、議論が深まることはありません。

　また、準備のないなかでは、答弁者は当たり障りのない答えをすることが増えそうです。こちらも、深い議論にはつながらないでしょう。

　片山氏が指摘されたように、議論がなされる前に何もかもが決まっているのでは、言論の場として機能しているとは言えないでしょう。

　しかしながら、ヒアリングの機会は大切にしたいところですし、質問内容がわからないことによって、議論が深まらないのも残念です。

　議会と執行部の双方が、緊張感を持ち合いながら、「ちょうどいいところ」を探るしかないのだと思います。

第6章

答弁作成
はじめて物語

第1章
第2章
第3章
第4章
第5章
第6章
資料

　初めて、というのはどんなことでも緊張するものです。

　ここからは、ある新任係長が初めて答弁書を作成することになったときのことを想定した物語です。

　全体の流れのおさらいや、気を付ける点などが見えてくるのではないでしょうか。

Ⅰ　議会が始まったら

　○○市役所に務める板垣は、この４月、防災課防災係長に昇進した。東日本大震災以降、防災に対する意識が日本中で高まったが、幸い○○市はこれまで大きな災害もなく、比較的平穏であった。係長になったということで、議会対応の業務が増えてくるのかと身構えていた板垣だったが、６月議会、９月議会は何事もなく過ぎた。

　10月になって、台風による大雨が降り、大きな河川のない○○市としては数十年ぶりとなる床上浸水が発生した。幸いすぐに水は引き、避難所も市役所のホールを１日開放するだけで済んだ。防災課は、関係課と連携して対応に当たり、後処理も含め、しばらくはこの件に忙殺された。

　その後は、まとまった雨が降ることもなく、板垣としても台風シーズンが終わってやれやれという気持ちであった。12月議会が始まったが、議案を出していないこともあり、これまで２回の定例会と同様に何事もなく過ぎていくものと油断していた。

　防災倉庫の点検をして夕方に帰ってきた板垣は、課長に手招きされた。

　「一般質問の通告内容はもう確認したか」

と言うのである。

　板垣は何のことかわからず、

　「いえ、今まで外に出ていました」

と答えた。課長は、「議会中に、断りなく外に出たら駄目だろう」と言った後、「10月の浸水被害についての質問がいくつも出ているぞ。すぐに確認しろ」と指示を出した。

　そういえば、先週もらった議会日程表に、一般質問通告書が今日示されると書かれていたが、これまでの議会で一度も質問がなかったので、気にも留めなかった。

「すみません、すぐに見ます」

　一般質問通告書の一覧は、内部のネットワークで見られるようになっていた。それで確認すると、一般質問20人中５人が浸水被害について取り上げていた。しかも、４日間の一般質問のうち初日に２人の質問が重なっている。

「課長、確認しました。５人の議員さんから質問があります。初日が２人、２日目から４日目まで１人ずつです」

「そうだな。

　ところで板垣くんは、前の職場で一般質問への対応をしたことはあるのか」

「いえ、まったくありません。現場に出てばかりで議会とはほとんど関わってきませんでした。たまにうちの課に一般質問があっても、全部課長が処理していたようで」

「なるほど。だけど、俺は係長にどんどん回すぞ。それから、係長になったら、議会のことも意識しないとな」

「わかりました。一から教えてください。まず、何をしたらいいでしょう」

☑ チェックポイント

☐係長やリーダーになったら、常に議会の動きを確認すること。
　もう、そういう立場です。

☐議会日程表をチェックし、それに合わせて、業務の日程を組むこと。
　議会中は、所属長出席の会議は開きにくくなるので、注意が必要。

☐一般質問の通告は、必ず確認すること。

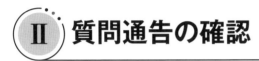

Ⅱ　質問通告の確認

「まずは、質問内容の整理だ。関係のありそうな質問を一覧にして
　くれ」

課長の指示を受けて板垣が作成した一覧は以下のとおりである。

日程	質問者	質問項目	質問概要
1日目	山田　一郎	浸水被害について	10月の台風時の浸水被害は予測できなかったのか
1日目	大村　次郎	防災対策について	避難場所の設置に問題はなかったか
2日目	川本　三恵	災害応急体制について	災害時の職員体制や広報対応は十分に機能したか
3日目	佐藤　四郎	床上浸水について	避難想定と雨水排水設備について見直すべきではないか
4日目	渡辺　五鈴	災害広報について	浸水の恐れがあることの告知はどのように行ったか

「この一覧を見て、気付くことはないか」

まとめることに専念していた板垣は、課長の問いにすぐには答えら
れなかった。

「えっと、そうですね。改めて、4日間とも質問があるなあと。そ
　れから、浸水被害についての質問でも、いろいろな角度があるも
　のだと思いました」

「そうだな。だけど、**よく見てみると似たような内容**はないか」

「確かに、浸水被害の発生をどう知らせるかという点では、川本議
　員と渡辺議員は共通していますね。ひょっとしたら、初日の山田

議員の質問もこの件かもしれません」

「その辺りはヒアリングでしっかり確認しよう。重複しているよう
なら、後に質問する議員に伝えて、調整しなきゃいけない。もし、
まったく同じ趣旨の質問なら、質問が取りやめになる可能性もあ
るからな」

「わかりました」

「ほかに、何か気付くことはないか」

「佐藤議員の雨水排水設備についての質問は、うちの課では答えら
れそうもありません」

「そうだな。下水課に連絡して、一緒にヒアリングに行く必要があ
るな。災害の告知の仕方についても、広報課と一緒に聞きに行っ
た方がいいだろう」

「はい、じゃあ、ちょっとそれぞれの課に行ってきます」

「ちょっと待て、まずはスケジュール確認だ。日程表を持って来い」

○○市の９月議会の前半の日程は以下のようなものだった。

９月　４日（月）	開会　本会議（議案説明）
５日（火）	休会　議案調査　一般質問通告締切
６日（水）	議案質疑
７日（木）	委員会
８日（金）	休会　一般質問調査
11日（月）	一般質問
12日（火）	一般質問
13日（水）	休会
14日（木）	一般質問
15日（金）	一般質問

「今日が５日の火曜日だろ。それで、一般質問の初日が来週の月曜
　日だ。初日の答弁書案は、金曜日の午後３時までに市長室に提出
　することになってるからな。２日目の分は、月曜の５時までだ」
「そうすると、まず初日の分を優先するようですね」
「そのとおりだ。山田議員と大村議員のところにヒアリングに行っ
　てみよう。下水やら広報やらに連絡をするのはそれからだ」

☑ チェックポイント

□質問通告書では、「誰がいつどんな」質問をする予定なのか、類似
　の内容がないか確認すること。
□スケジュールを確認しながら、段取りよく進めること。
　答弁書の作成は時間との勝負。普段の仕事のスピード感とは一味違
　う。
□関係がありそうな課がある場合、しっかり連絡を取り合うこと。
　「どこかがやっているはず」は危険。

Ⅲ　ヒアリング準備

「わかりました。じゃあ、すぐに議員のところに行かないといけま
　せんね」

「ちょっと待て。手ぶらで行ってどうするんだ。被害状況をまとめ
　たものとか、関係する資料を持って行かないと何も答えられない
　ぞ」

　板垣が資料を揃えるのを待って、2人が急いで議員の控室に向かう
と、山田議員は他の課とヒアリング中であった。ちょうど控室から出
てきた大村議員をつかまえて話をしようとしたが、

「これから会派の議案協議があるから今日は無理。来るんなら、も
　っともっと早く来てくれないと」

とのことであった。

　山田議員のヒアリングが終わるのをじりじりした思いで待ち、よう
やく終わって声をかけると、山田議員からは、

「この後、明日の議案質疑の準備があるからヒアリングは明日以降
　にして。さっきヒアリングしてた課は、午後一番で連絡してきて、
　どうしても今日やりたいって言うから特別」

と言われてしまった。

「すみません、私が外に行っていたためにヒアリングできなくて」
　板垣が頭を下げると、

「まあ、しょうがない。明日の議案質疑が終わってからしっかり聞
　こう」

と課長はさばさば答えた。

「2日目の川本議員は、大村議員と同じ会派だから、今日のヒアリ

　ングは無理だな。３日目と４日目の佐藤議員と渡辺議員は、関係
　する課と一緒に聞きに来よう」
　普段、のんびりして見えることの多い課長がてきぱき仕切っている
さまが、やけに頼もしく見えた。
　「これからどうしましょう」
板垣が聞くと、
　「まずは、この足で下水課と広報課に行こう。どこが担当になるか
　わからない質問のヒアリングは一緒にやった方がいい」
　「どうしてですか。一緒にヒアリングしようとすると、日程調整が
　難しくなりませんか」
　「確かにそうなんだが、個々にヒアリングすると、答弁担当の押し
　付け合いになることがあるんだ。いつの間にか担当が決まってし
　まうより、双方のいるところで決めた方が後腐れがないだろ」
　「そういうものですか」
　「そういうものだよ」
　２人は、下水課と広報課に足を運び、明日以降の日程を調整した。
下水課は当然質問があるだろうと準備をしていたようで、「やっぱり
来ましたね。大変だ」とのことだったが、広報課は全く想定していな
かったようだ。
　「うちは、広報紙とホームページの担当だから、災害時の、しかも
　狭い範囲の住民への告知について聞かれても困るなあ」
と引き気味だった。
　「そうですよね。でも、どんな質問になるか聞いてみないとわから
　ないので、とりあえずヒアリングに同席してもらえませんか」
との課長の一押しに
　「まあ、いいけどね。そこで議員さんに現状を伝えるよ」
と、承諾した。課へ帰りながら板垣は課長に話しかけた。

「広報だけじゃなくて、一般質問に乗り気じゃない課って多いんですかね」

「まあな。すぐに作らなきゃいけないし、下手なことは言えないし、部長によっては徹底的に直されるし、市長にOKもらえるまでは帰れないし、それなりに大変だからな。俺は嫌いじゃないけど」

「へえ」

また、頼もしく見えた。

「明日のヒアリングまでに、準備しておくことはありますか」

「まず、過去の答弁を当たっておくように。検索かければすぐにヒットするから、『浸水』とか『防災対策』とか『床上』とかで洗っておいて。それで、似たような質問があれば、打ち出しておくように。

　　それから、この前の台風のときの、近隣市での被害状況も確認しといて。あとは、これまでの床上浸水発生件数とか、避難所を設置した例の整理とか、聞かれそうな資料はまとめとかないとな」

☑ チェックポイント

☐ 質問があることを把握したら、なるべく早く議員と連絡を取ること。ヒアリングは迅速な対応が大切。

☐ 必要な資料を揃えて臨むこと。意味のあるヒアリングにするためには準備を万全に。

Ⅳ ヒアリング

　翌日の本会議終了後、2人は初日の質問者である山田議員と大村議員のところに向かった。

　今回の浸水被害は、それほどの規模ではなく、市の対応も比較的スムーズに行えたことから、質問は問い詰めるものではなく、今後の課題を確認するものだった。板垣が今回の対応について説明すると、議員から、「市はよくやったと思う」との言葉も出た。

　板垣は、「ありがとうございます！」と大きな声で答え、「元気がいいねえ」と驚かれた。

「みんなが嫌がるので、一般質問はもっと怖いものかと思っていましたが、意外にそうでもないんですね」

　板垣はほっとして、課長に感想を言った。

「そうだな、普通ならそんなに恐れることはない。だけど、何か不祥事を起こしたときや、市民の反対を押して何かやろうとするときは、それは厳しいものになる。何しろ、議員は市民の声を代弁する立場だから。じゃあ、部長への報告は板垣くんがやってみるか」

「わかりました」

　板垣は、初日の2人についてのヒアリング内容を部長に伝えた。

「……というわけで、お2人とも市の対応には好意的でした」

「そうか、それはよかった。で、答弁者は誰なんだ」

「え？答弁者ですか？」

「そうだ、肝心なところだろう。議員はどっちに答えてもらいたがってるんだ。市長なのか、俺なのか」

　板垣は、それは聞かなかった気がして言葉に詰まったが、課長が、

「お2人とも、部長答弁で、とのことでした」と助け船を出してくれ
た。そういえば、ヒアリングの最初に、「部長答弁でよろしいですね」
と確認していたような気がする。

「わかった。初日だから早めに準備するように」

部長の言葉を受けて、課長は、

「はい、わかりました。板垣くん、続けて2日目の川本議員のとこ
　ろにもヒアリングに行ってしまおう。広報課に連絡してくれ」

と指示を出した。

川本議員は、前にヒアリングした2人とは違い、市の対応に課題が
あったのではないか、との考えだった。

「今回は被害が広がらなかったからよかったですけど、もっと大き
　な災害のときに、きちんと対応できるか心配です。職員への連絡
　網は回らなかったそうですし、市民へは市からのお知らせも全然
　伝わらなかったし」

「この前の台風では、被害が拡大しない見込みが立ったので、防災
　課と下水課、道路課で対応しました。もっと雨が降り続くと予測
　される場合などは、第一次配備の職員に連絡することになります。
　浸水地域へのお知らせは、防災行政無線で繰り返し放送したほか、
　スピーカーを積んだ市の車で何度も周辺を回って行いました」

板垣は、一緒に対応した下水課や道路課の職員のことも思い浮かべ
ながら、懸命に市の対応を伝えた。反省点は多々あるが、できる限り
のことはやったという思いがあった。

「まあ、職員への連絡はいいとして、不安な市民もおられるわけだ
　から、市のホームページはもっと丁寧に伝えた方がよかったんじ
　ゃないかしら。これは広報課かな」

そう振られて、広報課長が渋々という感じで話し出した。

「そうですねえ。あの浸水被害のときは、前日からトップページで
　台風の接近をお知らせしておりまして、当日も朝から3回ほど更
　新して大雨への警戒を伝えました。ですので、できる限りはやっ
　たつもりなのですが」

「それはわかっているんだけど、台風情報はPDFだったでしょう。
　あれじゃあ、なかなか開いてもらえないわ。それに、市民がほし
　いのはもっと身近な情報なのよね。どこどこ地域が危ないとか、
　どこどこは大丈夫とか」

「ただ、地域ごとの雨の量を予測するのは難しいですから、どこど
　こは大丈夫といった情報を出すのはちょっと無理かと」

「今のは例えばの話。もう少し工夫した方がいいんじゃないかって
　ことを言いたいの。何時ごろがピークになるとか」

「それであれば、もっと詳しい情報を防災課からもらわないと、こ
　ちらとしてはなんともできかねるんですよね」

　板垣は、こちらに責任を被せてくるような広報課の言い方を聞いて
カチンときた。災害の現場にいるこちらが、詳しい情報を逐一提供で
きるわけがない。それを言いそうになった時、課長が、

「となりますと、ご質問は、浸水被害への対応を振り返って、職員
　や市民への情報伝達は適切に行われたか、といった内容でよろし
　いでしょうか」

「まあ、まとめるとそんなところかしら。まだ、細かい質問書は作
　っていないけれど」

「まだ少し時間がありますからね。では、あさって金曜日の午前10
　時ごろまたおうかがいするということでよろしいでしょうか」

「金曜の午後一にしてくれないかしら。午前中頑張るから」

「わかりました。では、金曜日の午後1時過ぎにおうかがいします。
　内容的に、広報の方法も含めて、防災課が一括で対応することで

よろしいでしょうか」

「ちゃんと答弁いただけるのなら、それはお任せします」

「ありがとうございます。それではあさっての午後1時過ぎ、よろ
　しくお願いいたします」

控室を出ると、広報課長が小声で言って来た。

「まったく、言いたいこと言ってくれるよな。どこどこは安全なん
　て情報、出せるわけないじゃないか。ま、こっちに回ってこない
　ようによろしく頼むよ」

「大丈夫です。全部ひっくるめて防災課で対応して、広報課に回ら
　ないようにしますから」

「じゃあ、よかった。何かあったら連絡してね」

広報課長が離れてから、板垣は課長に話しかけた。

「いいんですか、広報の分までうちで引き受けちゃって」

「いいんだ。いろんなとこが答えて、話がぼけちゃうより、どこか
　がまとめて答えた方がはっきりするから。それに」

「それに？」

「こう言っちゃなんだけど、答弁書を書くのを嫌がっているところ
　に任せてもいい答弁書はできないからな」

また、課長が頼もしく見えた。

☑ チェックポイント

☐ ヒアリング内容の報告は、簡潔かつ漏れなくすること。
　どう答えるべきか決めるためには、何を聞かれているかの共通認識
　が不可欠。

☐ できれば、役割分担はあらかじめ決めておくこと。
　答弁の押し付け合いは見苦しい。

☐ 議員との日程調整は主体的に行うこと。

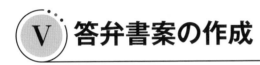

Ⅴ　答弁書案の作成

　それから、板垣の慣れない答弁書の作成が始まった。

　最初の質問は、「浸水被害時の初期対応はどうだったか」というものだった。ヒアリングでは、議員も「何十年も浸水は起きてなかったし、今回の台風が超大型ってわけでもなかったから、初期対応が難しかったのはわかるけどね」と言ってくれていた。

　板垣は、ヒアリングで出た話題をもとに、こんな具合に書いてみた。

　山田議員のご質問にお答えいたします。

　10月に浸水被害を起こした台風20号は、高知県に上陸した時の中心気圧が960ヘクトパスカル、中心付近の最大風速は30メートルで、時速約30キロで北東に進んでいました。今年3番目に上陸した台風で、勢力としてはその中では最も弱い台風でした。

　その後、台風の勢力が衰えないまま当市を直撃するコースを取り、前線の雨雲を刺激したことで、予想を超える雨量となり、今回の被害となったものです。

　市としましては、台風上陸以前から、その動きをしっかり確認するように努め、防災課が中心となり、河川課、道路課、下水課と連絡を取り合っていました。雨が激しくなってからは、見回りを強化したところですが、浸水被害が何十年も起こっていなかったことから、どの地域が危険であるのかを十分に把握できていない面があったことは否めません。

　道路冠水の連絡を受け、職員が現場に急行したところ、住宅へ

> の浸水の恐れもあったため、関係課を動員して対応にあたったところでございます。
>
> 　浸水被害に遭われた住居は10棟で、道路冠水は5か所ありました。激しい雨は比較的短時間で済みましたので、早めに復旧作業に移ることができました。地域の方からも、市の職員にねぎらいの言葉をいただいたところです。
>
> 　今回は、気象庁の予報を上回る雨が降り、浸水被害が生じましたが、これからはできる限り早期の対応をしてまいりたいと思います。

「課長、案が書けたので、ちょっと見ていただけますか」

「わかった。すぐ見るよ」

　板垣がこの答弁書を書き上げるのには何時間もかかったが、課長から直しの指示が出たのはわずか3分後だった。

「はっきり言って、ほとんど使えない。だから、赤を入れるっていうより気を付けることを伝えるから、それに沿って、一から書き直してみて。

　　まず、答弁で大切なのは**聞かれたことに答えること**。当たり前のことのようだけど、これができてない答弁は結構ある。今回の質問はなんだっけ」

「浸水時の初期対応です」

「だったら、それについて書くことに集中するんだ。ちゃんと注意してたってこととか、気象庁の予想を超えてたとか、いろいろ言いたいのかもしれないけど、台風の勢力とか全部いらない。聞かれてないんだから」

「はい」

　その辺を削っちゃうと、答弁が半分なくなっちゃうな、と思いなが

ら、板垣は返事をした。

「それから、市民からねぎらいの言葉をいただいたところもいらな
　い。議員から褒められるのはいいけど、こっちから言っちゃいけ
　ない。『市民からどんな声があったか』って聞かれたんなら別だけ
　ど」

「はい」

「被害箇所も、復旧作業もいらないな。聞かれてないんだから。
　　いいか、素っ気なく書けって言ってるんじゃないんだぞ。聞か
　れたことに答えるっていうことなんだ。**聞かれていないことに答
　えていたら、質問と答弁がかみ合わなくなって、議員にも迷惑を
　かけることになりかねない**」

「わかりました。書き直します」

板垣は、半分どころか全部なくなったと思ったが、きちんと指摘し
てもらえるのはありがたかった。

「答弁書には、型みたいなものがある。
　　ご質問にお答えいたします、から始まって、
　　・質問内容の確認
　　・現状認識
　　・市の考え方とこれまでの対応、今後の方針
　　・結び
　が基本的な流れだ。これを踏まえながら、なるべくわかりやすく
　簡潔に書くことだ」

「はい」

「それから、大村議員の答弁は、書き始めているか」

「いえ、まだです」

「じゃあ、それも併せて明日の午前中までに仕上げてくれ」

「はい」

　ちょっとしょんぼりした板垣の声を聞いて、課長は悪いことをしたかな、と思った。はじめから「聞かれたことに答えることに集中しろ」と注意しておけば、もっと違う内容になっていただろうから。しかし、骨身に感じてもらうために、あえて最初は好きなように書かせたのだった。

> ☑ **チェックポイント**
>
> □答弁書には答弁書の書き方があることを忘れないこと。
> □聞かれたことに答えること。
> 　書きたいことを書くのではない。

Ⅵ　答弁書案のチェック

　板垣が翌日の午前中に仕上げてきた山田議員への答弁書は、見違えるようになっていた。聞かれている初期対応に焦点を絞って書かれているうえに、今後の改善点についても簡潔に触れられている。

「よし、これでOKだ。言い回しとかは最後に調整するとして、内容がこれでいいか部長に見てもらおう。

　大村議員の分はどうだ」

「こちらも書いてみましたので確認してください。

　避難場所の設置についての質問ですが、調べたら**5年ほど前に避難場所設置の判断に関する答弁**がありましたので、それを参考にして書きました」

課長はその場で確認して、

「うん、これもよく書けてる。

　いい機会だから、山田議員の答弁案を部長に見てもらっている間に、答弁書の細かい書き方について教えとくよ」

課長に教えてもらって、板垣は「検討」と「研究」の重みの違いを初めて知った。また、数字の表記や改行の仕方など、答弁書独特の書き方があることもわかった。

「じゃあ、そこに気を付けて、大村議員の答弁案をちょっと修正しておいて。書きあがったら、部長に提出しよう」

普段の決裁とはまるで違うスピード感に、板垣は戸惑いを覚えながらも、「これはちょっと病みつきになるかも」と感じていた。議会中、妙にテンションが上がっている職員を見かけることがあり、何をはしゃいでいるのだろうと思っていたが、少し気持ちがわかった。

☑ チェックポイント

□過去の答弁を忘れずにチェックすること。
□答弁書独特の言い回しに注意すること。

Ⅶ　想定問答集の作成

　続いて、２日目の川本議員への答弁に取り掛かった。

　川本議員の質問は「災害時の職員体制や広報対応は十分に機能した
か」である。細かい内容は、金曜日の午後に再度調整することになっ
ているが、その前に書けるところは書いていく。

　気を付けるべきは、前の２人の議員が市の対応に肯定的であったの
に対し、川本議員は否定的な感想を持っていることである。

　課長からは、想定問答集作成の指示があった。

「川本議員は、答弁に納得できないと繰り返し質問される傾向があ
　る。だから想定問答集をしっかり作っておくように」

「想定問答集って、どんな感じで作るんですか。普通の答弁書と同
　じように書くんでしょうか」

「いや、そうじゃない。要点だけを書く感じで、簡潔にまとめれば
　いい。パソコンに過去の書式が残っているからそれを参考に」

「はい」

　板垣は、答弁書作成も３人目となり、少し慣れてきた気がした。課
長から教えてもらった型を参考にすれば、流れは作りやすい。しかし、
型にはめるだけではつまらないから、自分の思いも入れてみる。特に
川本議員は、浸水の際にもうちょっとなんとかすべきだったとの意見
だから、伝えるべきはしっかり伝えなければならない。

　想定問答集には、以下のような内容を用意した。

> ・今回の台風による大雨の際、担当職員への連絡はどのように行
> 　ったのか？
> ・災害に関するホームページによる広報は、より伝わりやすくす
> 　る工夫が必要ではないか？
> ・市民に出す情報は、よりきめの細かい内容にできないか？
> ・今回の教訓をどのように活かすのか？

　金曜の午後、再び川本議員を訪ねると、質問は「浸水時の対応を振り返って、今後の教訓とすべき点は何か」となっていた。最初のヒアリング時とは少し変わっている。

　「この前のヒアリングで防災課の説明を聞いて、市もしっかりやっ
　　たんだな、ってよくわかりました。なので、『機能したか』ではな
　　くて、今後につながるような質問にしました。難しいことはわか
　　るけど、広報の仕方にはもう少し工夫もできるかなと思うので、
　　その辺は答弁に盛り込んでください」
とのことであった。

　板垣は、また「ありがとうございます！」と大きな声を出し、「元気ねえ」と、また驚かれた。

☑ チェックポイント

□議員ごとに、質問方法などに個性が出るので、それに合わせた対応
　を行うこと。
□質問内容がはっきりわからない場合は、想定問答集などをしっかり
　準備すること。

VIII　いざ、議会へ

　板垣が作った初日の2人分の答弁書案は、部長審査を通過し、市長による修正を経て確定した。

　一般質問の当日、課長から議会の様子をしっかり見ておくようにとの指示を受けた。○○市では、質問が当たっている課長職は、議場のそばの会議室に控えている。一般職員は、イントラネットで生中継を見ることができる。板垣は、これまで議会中継を見たことがなかったので、まずつなぎ方から始めた。

　○○市の一般質問は、一括方式で行われている。最初に質問内容をまとめて議員が読み上げる形である。この方法が全国的にも主流らしいが、一問一答式も広がってきているという。一括方式では、質問と答弁の時間が離れてしまうので、傍聴の人にはわかりにくいのではないかと板垣には思えた。

　議会中継を見て、ヒアリングのときには、穏やかに話していた山田議員が、大きな声で一言一言丁寧に質問書を読み上げる姿にちょっと驚いた。今更ながら、さすが政治家だな、と思った。聞き逃さないように注意して聞いていたが、質問内容はヒアリングどおりだった。当然なのだろうが、ほっとした。

　部長の答弁は、市長、企画財政部長に続いて3人目だった。

　部長は、あまり原稿に目を落とすことなく、議場全体を見まわしながら、ゆっくりわかりやすく答えた。少し語尾が変わっている箇所もあったが、基本的には原案どおり読んでもらえた。自分が書いた文章が議会の場で市の公式見解として表明されるのは、なんだかこそばゆい感覚だった。

　部長答弁を受けて、議員が次のように話してくれた。

「ご答弁ありがとうございました。

　　この質問のヒアリングにおいて、浸水被害発生時の、防災課を
はじめとした職員の対応状況について確認いたしました。被害を
受けられた方々の立場に立った、迅速かつ適切な対応であったと
敬意を表させていただきます」

　板垣は思わず自席で、「ありがとうございます」とつぶやいてしま
った。誰かに聞かれなかったかと慌ててあたりを見回したが、案の定
聞かれていて、怪訝な顔で見られてしまった。今後議員にあったら、
感謝の言葉を伝えなければと思った。

☑ チェックポイント

□実際の答弁は必ず確認し、議場での流れもチェックすること。

□質問した議員と会ったら、しっかり挨拶すること。

資料

答弁書作成の
ポイント

第1章

第2章

第3章

第4章

第5章

第6章

資料

I 答弁書作成フロー

その1　議案質疑の場合

①下準備
- ・議案の内容、特徴を把握
- ・他自治体の状況調査

②想定問答集の作成
- ・「ダブり」や「言わずもがな」なことなどを気にせず、はじめは目一杯手を広げる
- ・内容ごとに区分するなど、見つけやすいように工夫する

③ヒアリングなどで質疑内容の把握
- ・会派への説明などの場で、議場での質疑の有無を確認
- ・質疑有りの場合、内容を把握
- ・質疑の有無が不明な場合も、できる限り感触を探る

④答弁書案の作成
- ・内容が近い質問が想定問答集にある場合、そこから抜き出して読みやすい形にする
- ・想定されていなかった質問の場合、新たに作成する
- ・聞かれていることに簡潔に答える

その２　代表質問・一般質問の場合

①通告書により質問の有無の確認

・類似や重複した質問がないかチェック

・どの部署が担当するか調整が必要な質問について、関係課と連携して決定

・質問日程を確認し、いつまでにどのように進めるか、スケジュールを確認

②ヒアリング

・質問の意図や趣旨の確認

・執行部側の思いを伝えるなど理解を深める努力

・必要に応じて事実関係について確認

・重複した質問がある場合、その調整

③報告、協議

・ヒアリング結果を部長等に報告

・質問内容によっては、首長に報告

・答弁の方向性について協議

④答弁書案の作成

・過去の答弁内容を確認

・事実関係のチェック

・必要に応じて他自治体の状況確認

・質問内容に応じて、想定問答集や関連資料の準備

・分量が多い場合、インデックスなどにより使いやすさに工夫

⑤答弁書案の確定

・議会日程に合わせ、できる限り早く上司に提出

・関係課がある場合、出来上がった答弁書を共有

⑥議場でのやり取りの確認

・実際のやり取りがどうなるかチェック

・議員の質問が変わっていないか、答弁で読まれなかった箇所はなかったかなどを確認して、次回に反映

Ⅱ チェックリスト

代表質問・一般質問に対する答弁書チェックリスト

（通告書確認時）

□いつ、どの会派の、誰の、どんな質問があるか確認したか（やや広めに関連性を解釈し、必要に応じて調整する）

□重複した質問、類似した質問はないか

□当課だけで対応できる質問か
　できない場合、関係課と連絡は取ったか

□答弁書作成スケジュールがしっかりイメージできているか

（ヒアリング時）

□資料はしっかり準備したか

□関係課と連絡は取れているか

□質問の意図はしっかりつかめたか

□こちらが伝えるべきことは伝えたか

□再質問の有無等を確認したか

□答弁者を確認したか

（答弁書作成時）

□過去の類似質問を確認したか

□上司の指示に従った内容になっているか

□簡潔に、聞かれたことに答えているか

□語尾や言い回しなどを統一したか

□よみがなや改行など、読みやすさに配慮したか

□同じ質問者で他の課でも答弁を書いている場合、内容の整合性は図られているか

□想定問答集や関連資料などを準備したか

実際のやり取りの際

□答弁原稿と実際の答弁の差をチェックしたか

□聞いている人の立場に立った答弁になっているか

□ヒアリング時に聞いたことと実際のやりとりに差はないか

 答弁書の基本の型

①枕詞
②質問内容の確認
③現状認識
④執行部の考え方とこれまでの対応、今後の方針
⑤結び

①主な枕詞

・お答えいたします。

・ご答弁申し上げます。

・○○議員のご質問にお答えします。

・○○議員の、××についてのご質問にお答えします。

②質問内容の確認

・○○の進捗状況はどうなっているか、とのご質問をいただきました。

・○○が、××となっており、◇◇するべきではないかとのお尋ねでございました。

・ご質問は、○○について××すべきではないかとの内容であると思います。

③現状認識

・○○につきましては、近年……となっており、★★と認識しているところです。

197

・○○につきましては、県内□位となっており、比較的高い数値となっています。

・○○につきまして3年前からの経緯を見ますと、25%、20%、16%となっており、着実に改善してきたところです。

④執行部の考え方とこれまでの対応、今後の方針

・そのため、当市といたしましても、▽▽すべきと考え、※※してまいりましたが、今後は一層△△に努めてまいりたいと考えております。

・○○につきましては、重要課題として取り組んできたところであり、全国的にも高く評価していただいてきたところです。今後も、さらに充実してまいります。

・○○につきましては、その重要性は認識しておりますが、解決しなければならない課題も多く、まだ実施に至っていないものでございます。引き続き、課題の解決に向けて、関係機関等と連絡を取り合っていきます。

⑤結びの言葉の例

・○○は、□□していくためにも重要な課題ととらえておりますので、引き続き最優先に取り組んでまいります。

・申し述べた課題があることを踏まえ、今後とも状況把握に努めてまいります。

・いただいたご指摘は、今後の事業推進の参考とさせていただきます。

おわりに

ひょっとしたら、何事もなく、淡々と進んでいるように見えるかも知れませんが、地方議会にはドラマがあります。

議員は、当選することによって得た大切な機会を最大限に活用しようと、質問内容を磨いています。

執行部は、質問があるかないか複雑な思いで待ち、あれば短い時間に総力を挙げて対応し、なければほっとしながらもどこか複雑な思いを持ちます。

議場は、何が起こるかわからない一発勝負の場です。「魔物が棲んでいる」は言い過ぎでしょうが、思わぬハプニングが起こり得ます。

事務方は、その真剣勝負の場を、いい答弁原稿を作ることで支えます。議会の主役は、あくまでも議員であり、執行部側は質問に答える立場ですが、意味のある議論を行い、行政を前に進めるためには、いい答弁が行われなければなりません。さらに答弁は、意思や思いを伝えるチャンスでもあります。

この本が、答弁の機会を活かすために少しでもお役に立てれば、これほどうれしいことはありません。

最後に、これまでいろいろ教えてくださった先輩職員の方々に、この場を借りて感謝の気持ちを伝えたいと思います。また、この本のためにアンケートにご協力くださった皆様にも、心からのお礼を申し上げます。

そして、時に厳しく、時に優しく、議会のなんたるかを教えてくださった議員の皆様にも、お礼を申し上げます。今後ともよろしくお願いいたします。

著者紹介

林　誠（はやし　まこと）

所沢市財務部財政課長

昭和40年滋賀県生まれ。早稲田大学政治経済学部経済学科卒。日本電気株式会社に就職。その後、所沢市役所に入庁。一時埼玉県庁に出向し、現在に至る。
市では、総務部門、財政部門、政策企画部門、商業振興部門に所属。
最初に配属された庶務課では、議会担当。
役所にも経営的な発想や企業会計的な考え方も必要と中小企業診断士資格を、東京オリンピック・パラリンピックに向けて通訳案内士資格を取得。
著書に、「お役所の潰れない会計学」（自由国民社）、「財政課のシゴト」（ぎょうせい）。

（平成29年11月現在）

イチからわかる！"議会答弁書"作成のコツ

平成29年12月25日　第 1 刷発行
令和 4 年 7 月28日　第11刷発行

　著　　者　林　誠
　発　　行　株式会社 ぎょうせい

　　　　〒136-8575　東京都江東区新木場1-18-11
　　　　URL：https://gyosei.jp

　　　　フリーコール　0120-953-431
　　　　ぎょうせい　お問い合わせ　検索　https://gyosei.jp/inquiry/

〈検印省略〉

印刷　ぎょうせいデジタル株式会社　　　　　　©2017 Printed in Japan
＊乱丁・落丁本は、お取り替えいたします。
＊禁無断転載・複製

ISBN978-4-324-10425-5
(5108391-00-000)
〔略号：議会答弁書〕